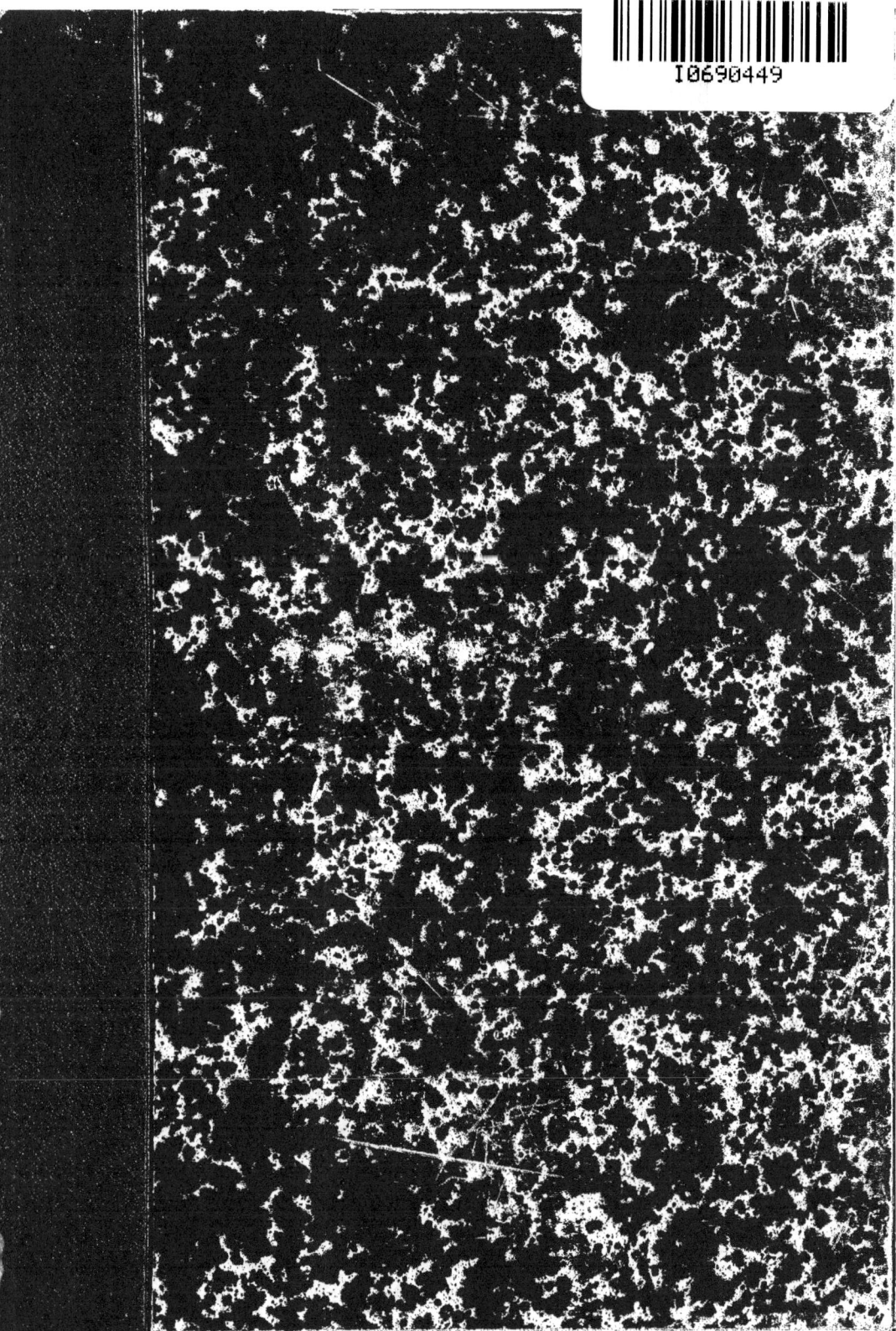

D'APRÈS NATURE

D'APRÈS NATURE

PAR GAVARNI

TEXTE PAR

MM. JULES JANIN, PAUL DE SAINT-VICTOR, EDMOND TEXIER, EDMOND ET JULES DE GONCOURT

1er Dizain, par JULES JANIN

PARIS

MORIZOT, LIBRAIRE-ÉDITEUR

3, RUE PAVÉE-SAINT-ANDRÉ

1867.

Par Gavarni.

I

Une faction.

Imp Lemercier Paris

Par Gavarni.

— Si je savais lire, je voudrais jamais lire dans des vieux imprimés comme ça.

imp Lemercier, Paris

Par Gavarni.

3

—A-t-on-jamais vu ne pas garder sa dame !...avec deux
    valets !...Et vous aviez des piques !
— Je manquais de cœurs .

Imp Lemercier Paris.

Par Gavarni.

4

__ J'ai été très blond.

Imp. Lemercier, Paris.

Par Gavarni.

5

— T'as connu le fils au monsieu Finet . Il avait monté une société
pour l'oseille , lui , au lieu de la betterave , bon ! . . . . mais le
brevet n'a pas pu marcher . Mon cher , leur fallait trois
arpents d'oseille pour un quarteron de sucre !

Imp. Lemercier, Paris.

Par Gavarni.

6

__ Vos quinze ans, morveuses, on les a eus . . . . cinq ou six
fois ! Et l'on ne fait pas tant d'histoires.

Imp Lemercier, Paris

Par Gavarni.

7

— (Enfin j'ai six francs !)....Marie !.... Un pigeon !

Imp Lemercier, Paris

Par Gavarni.

8

— (J'ai encore neuf sous).... Garçon !... Un perdreau !

Par Gavarni.

9

A monté le Bœuf-gras de mil-huit-cent-sept, en amour.

Imp Lemercier Paris

Par Gavarni.

— C'est pour ces madames-là qu'on élargit les rues de Paris.

Imp. Lemercier Paris.

D'APRÈS NATURE

Le succès de Gavarni, poëte, écrivain, dessinateur, lui est venu tout d'un coup, à force de verve et d'esprit, de bonne grâce et de bonne humeur. Paris ne savait pas le nom du dessinateur, que déjà tout Paris souriait à ses images charmantes; et d'ailleurs qu'importe le nom du poëte comique? A l'heure où le jeune Poquelin représentait, par la province heureuse et charmée, *la Jalousie de Barbouillé*, ou *le Médecin Volant*, nul ne songeait à s'informer de ce galant et vif jeune homme, qui lui-même riait aux éclats de ses promptes saillies, échappées aux folies joyeuses de la jeunesse.

Comment Molière a commencé, et par quelles comédies? on ne le sait guère! Ce qu'il a perdu de grâce et d'esprit sur les tréteaux de la comédie en plein vent, dans l'improvisation amoureuse et contente de chaque jour... nul ne saurait le dire. Il aura fait dix fois *les Précieuses, le Bourgeois Gentilhomme* et *Georges Dandin*, avant de leur donner leur forme arrêtée et définitive. O les prodigues, ces beaux esprits si féconds! Comme aussi de Gavarni, notre contemporain, que nous avons vu tout enfant dessiner, en se jouant, l'ombre incertaine et provocante de la comédie errante en tous les carrefours, bien peu de gens sauraient dire aujourd'hui même les commencements.

Il a commencé un peu au hasard, comme tous les poëtes. Il a beaucoup regardé, avant de dire aux gens ce qu'il avait vu. Le génie lui est venu, avant même que l'artiste se fût douté qu'il touchait à l'étude, au *castoiement* des mœurs, pour nous servir d'un vieux mot qui dit fort bien ce que nous voulons dire.

Bientôt, ce Gavarni nouveau-né put courir tout à son aise au milieu des modes, des caprices et des petites révolutions de chaque jour. Bientôt, cette brillante et fantasque observation, si railleuse sous une enveloppe légère et bonne enfant, unie à ce rare talent d'être vrai et plaisant tout ensemble, eut conquis l'attention, l'intérêt, les regards, les sourires, et tout de suite elle vient en aide, d'une façon innocente, à la raillerie, à l'observation, à l'esprit mordant de chaque jour. Le journal satirique, illustré par les maîtres qui l'avaient inventé : Carle Vernet, Pigal, Charlet, Daumier, Henri Monnier, J. Granville, Trimolé, Jacque et Traviès, adopta Gavarni, leur émule et leur digne héritier, comme un combattant à armes courtoises, comme un allié d'un esprit élégant et prêt à toutes les malices innocentes. De son côté, l'artiste accepta l'association proposée, mais il la voulait maintenir dans les loyales limites qu'il s'était tracées à lui-même. Il était né bienveillant; il souriait sans colère; il honorait la réticence; il aurait eu honte de troubler les gens et de leur faire peur. Donc, il laissait à qui de droit les colères politiques, pour s'occuper uniquement de la peinture des mœurs. Il renonçait aux violences, aux honteuses personnalités des noms et du visage, pour relever, avec sa bonne grâce et sa belle humeur naturelles, des ridicules, des vices, des folies, des caractères. Son regard était actif, autant que sa main était vive et légère. Regardez-le agir, écrire, penser, dessiner, vivre enfin de la vie indulgente d'un moraliste heureux et facile, et vous comprendrez quelle popularité soudaine vient au-devant de ce jeune homme inoffensif, et pourtant si fin railleur, d'une malice acérée et que tout le monde adopte, dont le trait va droit au but, corrigeant chacun sans offenser personne.

Il a encore cela de commun, notre ami Gavarni, avec le poëte comique : même la victime de son bon mot est la première à sourire. « Ah ! oui (fait-elle), ah ! que vous avez raison ! C'est bien moi; je suis faite ainsi; riez et moquez-vous! » Telle est, en effet, l'élégance et la vivacité de ses portraits l'homme qu'il a fait ridicule une fois, s'en retourne à demi corrigé, et riant aux éclats!

Avant Gavarni, sans aucun doute, on avait inventé cette habile et leste façon de dessiner la comédie ingénieuse, ironique et vagabonde, et plus d'un bel esprit, qui savait également bien écrire et bien dessiner, avait été à la fois le poëte et le comédien de sa bienveillante raillerie : Charlet l'a fait, Henri Monnier l'a tenté; la caricature n'a jamais manqué en France, non plus que la parodie et le bon rire amusant, mais le tracé élégant et vrai, le portrait ressemblant et ingénieusement railleur; mais le ridicule habillé à la dernière mode, l'image heureuse et sans violence, et de bon goût, voilà l'invention, voilà l'excellence, et voilà le triomphe avec la popularité des œuvres de Gavarni.

Vous souvient-il, entre autres petits drames que l'on étudie en passant, et que chaque passant remporte, avec un sourire, dans la chambre obscure de son cerveau, de l'aimable petite scène à la Scribe, aux premiers jours du Gymnase naissant, entre Le plus beau Jour de la vie et la Demoiselle à marier? C'était si joli, si fin, si vrai, si printanier, si gai, que si vous l'avez vue une fois, vous vous en souvenez jusqu'à la fin de vos jours. Étrange accident! tel qui ne sait plus un mot de Rodogune ou de la Mort de Pompée, il va, tout de suite et sans peine, au contraire en souriant, vous raconter une image attendrissante ou comique de Gavarni. Donc voici cette image... et vous voyez bien que vous vous en souvenez! Une fillette élégante et très-jolie est là debout, dans le petit salon décoré d'un bouquet et d'un fauteuil, qui regarde à peine un jeune homme aux deux mains jointes : « La charité, ma belle dame! un petit baiser, pour l'amour de Dieu, s'il vous plaît! » Qu'elle est jolie, et qu'il est charmant! — « Passez votre chemin, dit-elle à l'importun, on ne peut rien vous faire, on a déjà donné à votre père ce matin! »

Gavarni est l'inventeur et le répondant de la *lorette* : il l'a trouvée, il l'a baptisée, il l'a parée et lavée à ravir, afin qu'elle n'allât pas ressembler à Frétillon, ou à toute autre espèce de courtisane, veuve des vieux généraux, des vieux colonels, des vieux soudards de la grande armée en jambes de bois! Il a lâché des esquisses sans nombre à travers la ville réjouie au feu de son esprit; il a publié ses œuvres au grand complet : *la Boîte aux lettres! les Etudiants! les Assises! les Coulisses! les Enfants terribles! Hommes et femmes de plume!*... et *les Débardeurs!*

Vous avez vu de Gavarni, dans les derniers jours du carnaval, deux femmes habillées en *débardeurs*, passez-moi l'expression. Vous qui vivez à l'ombre de vos vieux arbres, ou dans l'intimité de la maison bourgeoise et sérieuse, vous qui ne savez la vie et la ville que par ouï-dire, vous, les honnêtes jeunes filles, qui me lisez en cherchant le sens de ces fantaisies, je vous dirai, puisque aussi bien faut-il que vous le sachiez un jour, qu'un débardeur est une lionne en pantalon de velours, le velours est entrecoupé d'une bande de satin bleu ou rose, les cheveux sont poudrés à la bergamote un jour de bal à l'Opéra, à l'iris pour les fêtes moins bruyantes; un coiffeur habile a bientôt fait du chignon un véritable catogan.

Ainsi vêtu, le *débardeur* se précipite au milieu de tous les délires et de toutes les effronteries du bal masqué. Là, il se démène haletant, jusqu'à ce qu'il ait atteint les dernières limites de la danse. Une fois cette dernière limite franchie d'un pied effronté, le débardeur tombe dans les bras du garde municipal qui vous l'*empoigne* et le jette au violon. Huit jours après, le *débardeur*, en simple robe de soie ou de bure, est conduit à la police correctionnelle. Là le juge, qui veut être éclairé ou amusé, se fait indiquer par le garde municipal-empoigneur les différentes figures de la danse incriminée. Cette danse même, elle porte deux noms bien différents : le premier nom vous condamne à huit jours de prison, le second à cinq jours, plus ou moins, selon l'âge et la bienveillance du magistrat. Si le magistrat est un jeune homme, ami débardeur, tant pis pour vous.... vous êtes puni très-sévèrement; mais le vieux magistrat est indulgent, il sait très-bien qu'il faut que jeunesse se passe, et..... en voilà jusqu'au prochain carnaval.

Mais qui donc oserait tenter de raconter l'œuvre entière de Gavarni? Gavarni lui-même, il ne le pourrait pas!

Cette œuvre multiple, infinie et variée autant que l'éclat de rire, d'une grâce renouvelée sans cesse, fertile en saillies, féconde en bon sens, habile à tout comprendre, à tout représenter, à tout saisir. Prenez-y garde, et vous trouverez qu'elle est partout, à cette heure, et pas un salon et pas une chaumière, pas un livre et pas un journal qui n'aient adopté quelque dessin de Gavarni. Fête innocente, aimable et qui plaît à la jeunesse, au vieil âge, à l'Angleterre, à la France, à l'Allemagne, à la Russie, au nouveau monde, à quiconque a des yeux pour voir et de l'esprit pour comprendre; récréation toujours prête, comédie toujours vivante; théâtre animé des plus heureuses passions, le théâtre heureux de la vie intime. En effet, le lustre est toujours allumé, les comédiens savent leurs rôles, et tous sont habillés pour les bien jouer; l'orchestre chante *allegro* son ouverture, la décoration est complète et de bon goût. Que de joie et que de bonne humeur dans ces représentations de la vie humaine, piquantes et bienveillantes tout ensemble! Les comédiennes sont-elles assez jeunes, assez jolies,

assez parées? Les comédiens vous semblent-ils entrer, convenablement,
dans l'esprit de leurs rôles? Dans ces pages brillantes, ornées et com-
plétées d'un bon mot qui tour à tour fait sourire ou pleurer, dans
ces comédies qui sont vues d'un coup d'œil, moitié le cœur qui rit,
moitié l'esprit qui mord, c'est la France entière qui joue son rôle;
mais la scène se passe à Paris. Paris, voilà notre heureux théâtre,
abondant en grâces, en charme, en style, en nouveautés, en passions,
en rêves, en regrets, en remords. Sur ce théâtre éclatant des plus
intimes émotions et des plus puissantes émotions de la vie humaine, il
n'y a rien d'impossible, et rien qui commence ou s'achève; et quand
tout est dit, tout recommence aussitôt! Paris, le théâtre éternel! Paris,
le tréteau d'un jour. Là, se rencontrent nos drames les plus variés,
nos récits les plus complets. Là, tout vient à point à qui sait, comme
Gavarni, tenir la plume d'une main ferme, et tenir le crayon d'une
main rapide et vive.

Gavarni est le maître absolu de cette comédie aux cent actes
divers, toute en raillerie, en petites recherches, en petites picoteries, en
petits ridicules. Moins que rien suffit à l'habile artiste pour être inté-
ressant, pour être vrai : par exemple, cette plume au chapeau, cet
éventail à la main, ce petit coin d'épaule blanche et nue, ce feutre gris
et pelé, cette main trop large ou cet habit trop étroit. Il suit à la trace
ces passions qui se promènent; il saisit, d'un trait, ces comédiens qui
passent en se pavanant.

Dans ce domaine de son caprice et de sa brillante fantaisie, il est
le maître absolu. Il commande, on obéit; il va où il veut qu'on
aille; lui-même, il marche, et de compagnie, avec les êtres de sa
création. Marchez donc, marchez en toute liberté de mouvement;
marchez, rien ne vous manque, et dans cette course à travers le
monde parisien, vous avez l'habit, vous avez le geste, vous avez le
sourire, vous avez le regard. Voyez le cœur, il bat de joie ou de
colère! Aimez-vous l'esprit? semblable à la flèche acérée, on le reçoit,

on l'emporte.... Eh bien! vous avez le trait d'esprit, vivement écrit dans votre rôle bien indiqué. Marchez, marchez en toute liberté, vous, les heureux de ce bas monde, enfants perdus et charmants de cette société française que Gavarni a recueillis dans son œuvre, et par sa plume et par son crayon.

Oui, mais cependant cette famille d'heureux bohémiens que Paris renferme, et que la province nous envoie abondamment chargés du ridicule originel, à peine Gavarni les a-t-il jetés sur le papier moqueur, soudain le vent du soir emporte, on ne sait où, cette image ingénieuse du caprice et de la variété, du ridicule, et quelquefois de la grâce et de la beauté d'hier. Ces feuillets épars d'un si grand livre que chacun regarde en passant, étonné qu'un peintre de mœurs puisse arriver à cette image si fidèle, un instant les produit, un instant les dissipe.... Où vont-ils? L'auteur lui-même s'inquiète peu de ces destinées errantes, il a plus tôt fait de créer de nouvelles figures, que d'en rappeler une seule.

« Ah! disait un philosophe avec un gros soupir, à propos de visage, ce que j'admire le plus au monde, c'est que Dieu ait pu varier en autant de manières, une chose aussi simple qu'un visage! » Il disait bien, et rien n'est plus vrai : mais cette fécondité même vous explique comment, aux plus charmantes créations de l'heure présente, Gavarni a laissé prendre une si lointaine volée. En effet il avait la folie, ou, s'il vous faut un mot plus doux, il avait la prodigalité des artistes féconds, il semait au hasard les produits de cette imagination intarissable ; il improvisait, comme improvisait Molière, sa comédie en plein vent, et sitôt sa comédie inventée, il lui mettait la bride sur le cou : Va donc où tu veux aller! Au même instant, notre comédie, en brodequin léger et en corset, était devenue un *sauve qui peut!*... général. Courez après, si vous pouvez, si vous l'osez !

Quand ce siècle aura disparu :

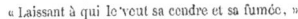

« Laissant à qui le veut sa cendre et sa fumée. »

il y aura, sans nul doute, d'honnêtes gens qui s'inquiéteront des moindres détails de tant de monuments que nous avons construits, renversés et refaits en toute hâte. Ils voudront, ces antiquaires, tout reconstruire et tout recréer ; réparer toutes les ruines et souffler sur toutes les poussières. Les moindres débris, les plus imperceptibles fragments, auront une valeur certaine aux yeux de ces braves gens, sur lesquels chacun de nous compte un peu pour la recomposition de son œuvre errante et vagabonde, à la façon de la paille emportée aux quatre vents de l'hiver... Ainsi, les ramasseurs de fragments, les collectionneurs de débris, les chercheurs d'aventures parmi le néant, feront pour nous ce que nous avons fait, nous autres, pour les nations ensevelies dans les ruines d'Herculanum ou de Pompéï. La chose arrive ainsi, chaque fois qu'une génération disparaît dans l'abîme ! Alors les survivants s'inquiètent, d'une façon toute filiale, des passions, des colères, des bruits, de l'ironie, et des leçons du siècle qui n'est plus. C'est justice ; il n'y a rien de plus naturel, et qui soit plus conforme avec la curiosité de l'espèce humaine, en l'honneur des vieilles mœurs, des vieux usages et même des ridicules du passé.

Or, de tous les hommes, peut-être, de la présente génération, celui de tous qui par l'éclat, par le nom, et par la variété de ses compositions diverses, représentera de la façon la plus complète et la plus charmante le monde et les mœurs dans lequel il aura vécu, cet homme, à coup sûr, c'est Gavarni.

Personne, en effet, plus que ce grand artiste, avec plus de vie et de ferveur, ne s'est mêlé à la fugitive comédie de chaque maison, de chaque heure et de chaque jour. Personne, autant que Gavarni, n'a étudié, observé et reproduit, d'une façon plus vraie et plus charmante, *les caractères de ce siècle*. Il en sait les moindres usages, les moindres détours ; il vous montre à la fois la personne et son habit ; d'un crayon sincère et vrai, il en reproduit soudain les manies, les élégances, les habitudes, les *tics*, les trous et les taches Ajoutez ce talent suprême de concentrer la parole en même temps que l'attitude, et de joindre le mot vrai à la vie, au geste, au sourire.

A coup sûr, le créateur de la comédie en France, lorsqu'il tirait de son esprit, de son âme et de son cerveau, Tartufe ou don Juan, Alceste ou Célimène, avait en lui-même une certaine image, qui représentait ces personnages si divers; mais il aurait eu grand'peine à nous dire, en effet, comment il se figurait Tartufe ou don Juan, Sganarelle ou la jeune Agnès. Molière était un peintre, en sa qualité de poëte, et, tout au rebours, Gavarni est poëte, en sa qualité de grand dessinateur. Il s'est dit que l'homme, étant un animal qui parle, il fallait absolument le faire parler. C'est pourquoi il n'a pas produit, que je sache, un seul personnage muet. Les voilà tous, les personnages, les héros, les martyrs de sa comédie. Hommes, femmes, enfants, vieillards; dans la soie ou dans la bure, innocents ou pervertis, pleins de vertus, pleins de vices; habillés à la dernière mode ou déguenillés; dans la rue et dans le salon, dans les abîmes ou sur les hauteurs du monde, ils parlent en même temps qu'ils agissent. Même, pour bien marquer leur rêverie, ils trouvent le seul mot qui l'indique à merveille. Ainsi ils sont doubles. A peine fut créé le premier homme, le bon Dieu lui dit : « Te voilà, parle! » Un philosophe, voyant que son école était muette, s'écriait un jour : «Parlez donc, enfants, si vous voulez que l'on vous voie!» Il a très-bien compris cela, Gavarni, et par cette intelligence même il a conquis tous les suffrages, en se servant tout à la fois de la plume et du crayon.

Sa comédie est un drame aux mille actes divers; chaque acte est une suite de scènes qui se suivent, se heurtent et se croisent dans un pêle-mêle ingénieux. Heureux les poëtes comiques, acceptés de tous avec un sourire, à qui toutes les maisons sont ouvertes! ils sont la bonne humeur des esprits les plus moroses, le contentement des regards les plus austères, la joie et la fête des oisifs, qui veulent tout lire, et tout voir en même temps. Leur comédie est au delà de

toute censure ; leurs comédiennes, leurs comédiens, vêtus par leurs
soins, sont toujours au gré de leur imagination, et ne disent jamais
que ce qu'il faut dire. Un jour que l'on jouait au Vaudeville une pièce
de M. Ancelot, le parterre indigné se mit à siffler de toutes ses forces.
« Qu'ont-ils donc ajouté ? » s'écriait le poëte, en parlant de ses
comédiens.

Les comédiens de Gavarni ne peuvent rien ajouter au texte, ni
rien retrancher ; ils savent leur rôle, ils le savent à merveille, ou
plutôt, les comédiens de Gavarni sont des hommes véritables. Ils marchent, sans se douter qu'on les suit ; ils passent, sans se douter qu'on
les regarde ; ils parlent, et pas un n'a l'air d'imaginer qu'on l'écoute.
Ils sont naïvement bêtes, malins, glorieux, gourmands, paresseux, flâneurs, fripons, lâches, flatteurs, faiseurs de cantates, stupides, vani-
teux, frivoles, gobe-mouches, délateurs, comédiens, hypocrites, décla-
mateurs, brutes et raffinés ; donc vous voyez que ce ne sont pas des
comédiens.... ce sont des hommes !

D'un autre côté les femmes de Gavarni, mais elles sont rares, sont
des comédiennes, justement parce qu'elles sont des femmes. D'abord
il les fait charmantes, en pleine vie, en pleine santé. Des cheveux, en
veux-tu ? Des dentelles ? en voilà ! Même, quand elles sont dégradées, et
tombées au fond des plus cruelles disgrâces de la vie humaine, on
voit encore qu'elles sont belles et qu'elles jouent la comédie. Elles
passent, et chemin faisant elles veulent plaire, ou tout au moins sur-
prendre, étonner, épouvanter qui les regarde. A coup sûr les femmes
de Gavarni lui ont donné beaucoup plus de peine, et demandé beaucoup
plus d'observation que les hommes. L'homme, il le sait par cœur ; la
femme, il l'étudie, et plus il l'étudie, et plus il trouve en effet que le véritable nom de la femme est : mystère ! Alors découragé, inquiet, éperdu,
il se rejette avec rage sur l'autre sexe, ou bien il s'amuse à contempler
les enfants, et, bien qu'il les aime, et qu'il commence assez souvent
par chanter leurs louanges, il finit toujours par les montrer aussi

repoussants que des hommes. Qui n'a souri et frémi en même temps,
à l'aspect des enfants terribles? Que de trahisons dans ces frais
sourires, que de mensonges dans ce doux regard, quelles délations
funestes et souvent irréparables dans ces paroles enfantines, d'un
accent tendre et câlin! Ici, le rire se mêle au drame, et la peur
arrive en même temps que le sourire. Enfants terribles, hommes terribles, femmes terribles, tout un drame enfin qui chante, et se lamente.

Dans ces pages si diverses, et dans ce pêle-mêle incomparable,
entendez ces clameurs, écoutez ces rires! Prêtez l'oreille à ces délires, à ces extases, à ces chansons! Au fond de ces bruits de l'abîme,
s'agite incessamment la ronde infernale de toutes les passions et de
tous les ridicules, des faux vices et des fausses vertus, de tout ce qui
déplaît et de tout ce qui fait peur. Que de fois, au milieu d'un salon
où tout bourdonne, où tout cause, où la question n'attend pas la réponse, où nul ne s'aime, où peu se connaissent, dans ce pêle-mêle
au moins inutile d'ambitions, de calomnies, de médisances, parmi ces
femmes fardées et ces chevaliers enrubanés, l'homme oisif, qui ne sait
que dire et penser, va s'asseoir dans un coin, près d'une table, où sont
entassés des images, des albums, des feuilles volantes!

Alors si, par bonheur, ce visiteur ennuyé jette un regard distrait
sur ces fragments, soudain le voilà curieux, ému, intéressé, attentif.
Sur cette table, à l'usage des visiteurs distraits, il a rencontré Gavarni
et sa comédie; alors il regarde, et il écoute ce qui se dit, et ce qui se
passe au milieu de ces feuilles volantes. Il s'étonne, il admire, il pâlit,
il a peur.

Ces divers personnages qui passent sous ses yeux, il veut les connaître, il les interroge : « Où vas-tu? d'où viens-tu? quelle est ta vie?
Eh! pourquoi donc es-tu riche?» Ou bien : «Dis-moi, pourquoi donc es-tu
si pauvre?» Ainsi il leur parle; il marche avec eux dans la rue; il les
accompagne à la promenade, il les suit dans leur maison : justement!
le voilà dans la salle à manger, dans le petit salon, dans le boudoir, dans

la chambre à coucher. Il n'y a pas de héros pour son valet de chambre...
il n'y a pas de héros pour les braves gens qui marchent à la suite de
Gavarni. Chez Gavarni tout est simple et vrai; tout est net, exact,
correct; chacun va dans sa voie et dans son naturel. « Dis-moi qui
tu fréquentes, et je te dirai qui tu es. » Or, ces pages diverses de
l'œuvre inachevée aujourd'hui, qui était complète hier pour recom-
mencer demain, vous représentent tout simplement une suite de
fréquentations. C'est une rencontre, un hasard, une visite sans céré-
monies, un dîner à la fortune du pot. Le moyen de résister à cette
visite saisissante ! et comment ne pas oublier que tout ceci est une
image, un fantôme, un crayon ! On oublie.

On oublie aussi les êtres frivoles qui circulent autour de la table...
autour du théâtre, où l'enchanteur vous tient occupé des moindres
actions, des plus intimes paroles de sa comédie. En vain la sonate, le
poëme, le vaudeville, le jeu des éventails, et tous les bruits d'un
salon frivole, tenteraient de vous arracher à vos contemplations;
rien ne peut vous en distraire. Absolument il faut que tout y passe :
et d'une page à l'autre page, et de ce bonhomme à ce bonhomme, et
de cette femme à cet enfant, et de ce persiflage à ces paroles sérieuses,
on reste attentif, allant de l'une à l'autre, et de celle-là à celle-ci,
jusqu'à ce qu'enfin l'œuvre étant épuisée, et chaque page étudiée, on
s'arrache à ce spectacle, à ce dialogue, à cette ironie, à ces mauvais
exemples, à ces bons conseils.

Un galant homme de beaucoup d'esprit, que je pourrais nommer,
avait passé la soirée dans une honnête maison, ouverte aux belles dames
et aux beaux esprits. Il y était resté trois heures, et comme en rentrant
chez lui sa femme lui demandait : « D'où venez-vous? — Ma foi, dit-il,
je viens de passer la soirée la plus charmante avec un poëte, un bien
disant, un philosophe, un railleur, un bel esprit, appelé Gavarni, et je
lui porterai ma carte après-demain. »

Donc, puisque les uns et les autres nous ne pouvons pas nous passer de cette douce aptitude, et puisque en effet ce précieux et ce poétique esprit, doué de toutes les fées bienfaisantes, ne s'arrête pas dans ses productions, non plus que ses admirateurs dans leur poursuite; et puisque chaque jour apporte à ce contemplateur de nos mœurs un nouveau thème, un nouveau sujet d'ironie, il faut bien aussi que chaque jour complète la grâce et l'attrait de ces compositions, d'une vérité rare et curieuse, qui tiennent à nos mœurs, à nos habitudes, à nos spectacles et aux conseils dont chacun de nous a besoin pour bien juger ses semblables, et pour bien penser de soi-même. Et comme, au bout du compte, c'est une habitude à prendre pour se connaître en peinture, et pour distinguer un portrait d'Holbein d'un portrait de Van Dyck, c'est une habitude exquise à prendre aussi à qui veut, sans peine et sans effort, distinguer les diverses nuances des vicieux et des honnêtes gens. Aussi bien que pas un moraliste ici-bas, Gavarni est un instituteur excellent, un guide accompli dans la difficile étude, et dans la censure des mœurs. Tenez-vous donc pour assuré que vous ne sauriez vous égarer avec ce guide-là.

Les nouvelles comédies que voici ont été prises pour ainsi dire sur le vif, dans la vérité même, et c'est à juste raison que l'auteur les intitule fièrement *d'après nature*. Ici, en effet, *la nature* est poussée aussi loin qu'elle peut aller, et l'on dirait très-bien de ces images, ce que Buffon a dit du style : « C'est l'homme même. »

Hélas ! s'ils ne manquent pas de vérité, ces hommes-là, les derniers échappés au crayon de Gavarni, ils manquent de grâce et de jeunesse. Ils ont passé l'âge où la passion est une excuse, où la beauté est presque un pardon. Il n'est plus, pour eux, le temps folâtre, où le rire est un charme, où la gaieté est une parure, où le vice même a son ingénuité, son agrément. Les voilà (croyez-en Gavarni), tels que les a faits l'expérience, aidée cruellement par les années qui s'en vont déchirant toute chose, hostiles à toute grâce, opposées à toute beauté.

Donc les voici, ces nouveaux venus de la *Comédie humaine*, car Gavarni et M. de Balzac sont des humoristes de la même famille, et l'œuvre de celui-ci est bien souvent le commentaire et le supplément de l'œuvre de celui-là. Regardez-les, et les reconnaissez :

Voici le joueur de whist, écrasé sous un pique, abasourdi par un cœur. Voici le chauve; autrefois cette tête chenue était blonde et soyeuse. Admirez l'ancien bretteur, l'ancien don Juan, grand coureur de ruelles, héros du Champ de Mars, habitué de la Bourse, hanteur des coulisses, et toujours en sous-ordre chez ces dames. Ah! quel ravage, quel désastre, quel Waterloo! Tout est confus, ébouriffé, clignotant, et pêle-mêle dans ce visage abominable, où la ruine a laissé sa trace.... Un châtiment, il n'y a pas d'autre nom à donner à ce mangeur, à ce buveur, qui est en train d'escamoter un dîner.

Reposez-vous, cependant, sur le contraste. En effet le contraste est la consolation de la comédie, et mettez-vous à contempler ce visage honnête et candide. En voilà un, du moins, qui représente une âme honnête; en voilà un qui ne veut pas d'une fête à crédit. Il a gagné six francs, il les a bien gagnés, par un bon travail; eh bien! une fois n'est pas coutume; sur les six francs que voilà, il prendra un écu, pour s'offrir à lui-même un pigeon à son dîner. Il y a véritablement du Walter Scott dans cette peinture; et tout d'abord, on se sent porté à aimer cet homme-là et disposé, pour peu qu'il vous invite, à partager son dîner.

Cet autre en bonnet de nuit, en vieux souliers, difforme, hébété, la lèvre pendante, et vêtu de loques et de morceaux, il était l'*Amour*, il y a soixante ans. L'Amour monté sur le bœuf gras... quelle monture! et quel Amour!

J'aime aussi, mais là, d'une admiration sympathique, certain promeneur du quai Voltaire aux étalages des vieux livres, contemplant avec un mépris indicible ces épaves éloquentes. O bouquins! restes précieux, restes divins de tout ce qui fut l'esprit, l'ironie et la liberté d'autrefois; fragments inestimables de nos grands génies, où se retrouve

encore le souffle ardent des grands maîtres de l'éloquence et de la
poésie, auriez-vous jamais pensé que vous seriez le triste objet d'une
contemplation si méprisante? Avec quelle irrévérence il vous regarde !
Hélas! pardonnez-lui, il ne sait pas lire.

Tout le reste de cette comédie est indiqué de main de maître. On
y voit une vieille, édentée, éraillée, et rageant parce qu'elle a six fois
quinze années; on y voit une jeunesse en falbalas, faisant sa poussière
et la plume au vent, toute semblable à madame *Fanny* quand elle
revient triomphante de ses adultères amours. Voilà bien son masque,
et son audace, et son contentement !

Dans l'atelier du peintre voisin, une joueuse de bilboquet, en grande
attitude, joue au jeu difficile de représenter la Vénus de Milo. Drape-
toi, ma fille, arrange avec soin tes cheveux rebelles, baisse tes yeux
lascifs, sois grave, austère et triomphante; il y aura toujours, autour
de ta personne et de ton peplum antique, un petit coin de Notre-Dame
de Lorette, un petit goût de rue Saint-Denis, une senteur de camélias,
un reflet de coquelicot.

Chassez le naturel, il revient au galop !

Mais qui donc parle ici de chasser le naturel?

Dans la boutique voisine, chez la vraie madame Moreau, à coup
sûr deux financiers de basse-cour causent, en buvant, *des affaires du
fils au monsieur Finet*; et Dieu sait comme ils arrangent *les affaires
au fils Finet !*

Voilà encore une de ces planches devant lesquelles on s'arrête en se
disant : J'ai vu ces deux hommes-là quelque part.

Mais quel livre amusant on pourrait faire sous ce titre : *Histoire
des histoires de Gavarni!* Quel livre ingénieux, vivant, réel; non pas
dans le *réalisme* idiot des bourgeois de Henri Monnier, mais cette
vérité galante, accorte et de bonne humeur, qui parle bien, qui sent
bon, qui sait vivre, et digne, en tout point, des honnêtes gens. Bien

plus, s'il fallait une *préface* à l'œuvre entière de Gavarni, certes nous n'irions pas loin pour la chercher :

« Nous rendons au public ce qu'il a prêté à Gavarni! Il a emprunté « de lui la matière de cet ouvrage; il est juste que l'ayant achevé « avec toute l'attention pour la vérité dont il était capable et qu'il « méritait, il lui en fît la restitution. Le public peut regarder ce por- « trait à loisir, il est fait d'après nature, et s'il reconnaît quelques-uns « de ses défauts que le peintre lui signale, il fera bien de s'en cor- « riger! »

Ainsi Labruyère lui-même parlait de son livre, arrivé à la sixième édition.

JULES JANIN.

D'APRÈS NATURE

D'APRÈS NATURE

PAR GAVARNI

TEXTE PAR

MM. JULES JANIN, PAUL DE SAINT-VICTOR, EDMOND TEXIER, EDMOND ET JULES DE GONCOURT

2me Dizain, par PAUL DE SAINT-VICTOR

PARIS

MORIZOT, LIBRAIRE-ÉDITEUR

3, RUE PAVÉE-SAINT-ANDRÉ

1867.

Par Gavarni.

II

Jolie tournure.

Imp Lemercier, Paris

Par Gavarni.

12

Ne lui parlez pas des chiens de garde !

Imp Lemercier Paris

Par Gavarni.

13

A figuré dans les ballets.

Imp. Lemercier, Paris

Par Gavarni.

14

_Ma fille va entamer son grand morceau.

Imp Lemercier, Paris

Par Gavarni.

15

— T'es prop'e à rien : fais-toi artis'e.

Imp Lemercier Par.

Par Gavarni.

16

—I' ne pleuvra pas, certainement ! mais i' pourrait pleuvoir ;
et feu mon père disait : " s'il fait beau, prends ton manteau ;
s'il pleut prends le si tu veux ".

Imp. Lemercier, Paris

Par Gavar

17

— Ma crevette ? Cinquante sous, ma petite dame . . . . . Ma
poule , quarante cinq sous pour vous ! . . . . prenez vous
ça pour quarante sous, Mon chéri ? . . . . Va donc poison !

Imp. Lemercier Paris

Par Gavarni.

18

— T'as fait une femme ?.....tu veux dire qu'une femme
t'a fait.

Imp Lemercier, Paris

Par Gavarni.

19

—Tiens, Fanny, c'est pas tout ça ! T'es honnête, t'as rien : t'es
ce qui me faut; comme aussi bien c'est moi qui te faut......Ça
te va ? ça y est ! Viens boire un canon.

Imp.Lemercier, Paris.

Par Gavarni.

20

...... " l'indicatif
D'un sentiment poussé jusqu' à l'infinitif ".

Imp. Lemercier, Paris.

D'APRÈS NATURE

D'après nature, c'est le titre de ces vives esquisses qui compteront parmi les pages les plus spirituelles de cet historien des mœurs du xixᵉ siècle, qui s'appelle Gavarni. Qui donc, mieux que lui, a le droit d'écrire en tête de son œuvre ce titre si souvent trompeur : *D'après nature ?* Il est l'observateur par excellence, il dessine comme refléterait un miroir ironique et intelligent. Ce que l'air de Paris contient d'originalité latente, de couleur diffuse, d'aromes et de lueurs éparses, son crayon l'attire ainsi qu'une électricité spirituelle et le dégage en croquis pétillants, en étincelantes épigrammes. Il a ce rare génie que les anciens appelaient « le Génie du lieu ; » il saisit au vol la vie moderne dans les mobiles attitudes qui trahissent ses ressorts secrets, son caractère intime, ses vices et ses passions organiques. La dégaine de l'étudiant balançant une jolie fille à son bras vainqueur ; la démarche ondoyante de la femme du monde enveloppée du menton jusqu'aux talons dans son châle dont la pointe frise le pavé ; l'amble

agaçant de la grisette relancée par un passant libertin; la poignée de
mains et la plaisanterie rapide qu'échangent deux Parisiens sur un
trottoir du boulevard; le nez au vent du flâneur, l'air anglais du dandy,
le tic du maniaque, la physiologie du bohême, toutes les allures,
toutes les pantomimes, tous les aspects de la vie courante prennent
sous son crayon un sens, un relief, un accent indéfinissables. Les
légendes tracées au bas de ces mordants dessins en raffinent encore
l'ironie. Elles sont écrites dans une langue qu'on pourrait appeler le
style lapidaire du pavé de Paris : dialecte attique par la finesse, laco-
nique par la concision, qui rédige, en quelques mots, scandés par les
bouffées du cigare, toute une existence, toute une classe, toute une
comédie parisienne. De Paris, Gavarni aime, comme Montaigne, « jusqu'à ses verrues; » il soulève ses toits, comme Asmodée ceux de Séville;
il le connaît du haut en bas et de fond en comble; il a les clefs de tous
ses boudoirs, le secret de toutes ses serrures.—Il sait toutes les langues
de cette Babel, tous les détours de ce grand sérail.

Parmi les sphères du système parisien, celle qu'il observe le plus
curieusement, et dont il se complaît à noter les phases, c'est le monde
brillant et trouble de la bohême féminine, l'une sociale, changeante
et nocturne, comme la lune du ciel. La peuplade galante, campée
autour de Notre-Dame de Lorette, comme une halte de Bohémiens
aux pieds d'une madone, a trouvé en lui son Callot. Depuis quinze
ans, il ne se lasse pas d'écrire au jour le jour sa fantasque histoire,
de raconter ses *Mille et une Nuits.*

La lorette est pour lui ce que l'actrice de la Comédie-Italienne
était pour Watteau. Elle est la maîtresse de son talent, la sultane
favorite à laquelle il jette toujours son crayon. Qu'il la montre cou-
chée sur son divan, comme une panthère sur son lit de feuilles, ou
entr'ouvrant de sa main bien gantée la porte d'Arthur, ou jouant à
Milord un des mille vaudevilles de son répertoire, il est toujours neuf,
sagace, ingénieux, inépuisable en trouvailles comiques, en ressem-

blanches inédites. C'est sur elle qu'il compose ces poëmes de toilette et
de parure qui font de lui « l'arbitre des élégances » de la vie moderne.
Car Gavarni n'est pas seulement un artiste du plus vif et du plus incisif
esprit, il est encore un costumier de génie. Posé par lui, le cachemire
pourrait draper la taille de la Polymnie ; avec quelle grâce il niche une
jolie figure au fond du chapeau de soie festonné de roses ! quelle vo-
lupté il donne aux plis flottants du peignoir ! Le corset même devient
charmant, quand il se mêle d'en lacer les cordons et d'en nouer la
rosette. Il a inventé, on peut le dire, le style du commun, la distinc-
tion du joli, le beau idéal de la gentillesse.

Mais, depuis quelques années, ce maître des galanteries et des
élégances visite les antipodes du monde brillant et frivole où il semblait à jamais fixé. Au sortir de la Maison d'Or et de l'Opéra, il s'en-
fonce dans les carrefours du vice et de la misère. Il s'encanaille à
la façon de Rembrandt ; il crayonne les *gueux* du Paris moderne.
Le même talent qu'il mettait à effleurer la beauté, il l'emploie à
accentuer la laideur. Il déchire le haillon comme il chiffonnait la parure. — Quel type que celui de son *Thomas Vireloque !* composé
d'ulcères et de loques, moitié Quasimodo et moitié Diogène, qui jette
sur le monde un œil d'ours éborgné philosophant dans son trou.
La série de dessins où il promène ce squelette ambulant a l'étrangeté
sinistre d'une *Danse des Morts* au XIXᵉ siècle. — Thomas Vireloque,
c'est le Misanthrope, Mais le Misanthrope couvert des haillons de
Lazare et des plaies de Job, le génie du pessimisme incarné sous la
forme la plus horrible du vagabondage et de la misère. — Il toise la
civilisation de haut en bas, ce mendiant informe, et il lui crache à la
face des mépris qui font peur, des ironies qui font rêver. — Un
paysan ivre-mort cuve son vin au milieu d'un champ ; le rustre est
hideux, l'ivresse décompose son ignoble face, le hoquet râle sur sa
bouche stupidement béante. Thomas Vireloque, accoudé sur une barrière, contemple le sommeil de cette brute ronflant dans sa bauge, et

il s'écrie avec le rictus sardonique des têtes de mort du vieil Holbein :
« Sa Majesté le roi des animaux ! » — Des gamins viennent d'attraper
le rat des champs de La Fontaine dans une souricière : c'est à qui
martyrisera de son mieux la pauvre bestiole. « Cet âge est sans pitié. »
Thomas regarde par-dessus un mur ces petits sauvages ; il secoue sa
tête cyclopéenne. « Misère-et-corde, faut pas chagriner ces petits
« mondes-là, des animaux comme nous autres... ça se dévore entre
« soi. » Voulez-vous connaître la philosophie de l'histoire de ce va-
nu-pieds ; elle est simple, elle est concise, c'est celle des jungles et
des forêts, il l'enseigne à des écoliers en promenade. « L'histoire an-
« cienne, mes agneaux — leur dit-il — c'est mangeux et mangés ; bla-
« gueux et blagués, c'est la nouvelle. » Et le progrès ! comme il s'en
moque, ce Mohican qui s'habille d'une loque et couche dans les fours !
Il rampe le long des poteaux d'un télégraphe électrique, pareil à un
gnome sortant de son trou pour siffler la foudre ; et tandis que le
verbe humain parcourt, rapide comme la lumière, le fil infini, voici ce
que grommelle sa bouche édentée : « Y'avait la parole, y'avait l'impri-
« merie, Misère-et-corde ! ne manquait plus que ce fil de fer du diable à
« la menterie humaine, pour vous arriver de longueur, aussi roide
« qu'un tonnerre ! » — Les maximes de Thomas Vireloque, ce sont les
Maximes de La Rochefoucauld vues au microscope. Leur forme est
grossie, exagérée, monstrueuse, mais au fond le sens est le même.

Une des fantaisies actuelles de Gavarni consiste à retourner les
dames de cœur dont il ne nous montrait autrefois que la face enlumi-
née et brillante. Ses *lorettes vieillies* expient cruellement les fanfioles
et les esclandres de leur jeunesse. — Imaginez une galerie de portraits de femmes peints par Greuze, par Watteau, par Boucher, qui se
mettraient à vieillir comme des têtes vivantes, si bien, qu'en y retour-
nant, vous trouveriez à la place de ces jeunes images des vieilles
de Rembrandt, des mendiantes de Goya, des sorcières de Salvator ! — La
transformation opérée par Gavarni sur la Vénus facile qu'il adorait

jadis, n'est pas plus terrible. On dirait qu'il ressent je ne sais quelle joie cruelle à dégrader et à bafouer son ancienne idole : il éteint ses yeux, il flétrit ses traits, il épaissit sa taille, il souille ses vêtements; il ne lui épargne ni une misère ni une déchéance, il la traîne par les cheveux, du corridor de l'ouvreuse de loges au ruisseau de la balayeuse. — Écoutez ce que bougonne dans sa barbe cette vieille sordide qui grelotte dans un grenier nu : « Les poëtes de mon temps m'ont cou- « ronnée de roses, — et ce matin, je n'ai pas eu ma goutte! et pas de « tabac pour mon pauvre nez! » — Et cette autre qui fait une chambre d'hôtel garni : — « Encore, si j'avais autant de ménages à faire que « j'en ai défaits! » — Quelquefois la lorette vieillie a une fille, et alors Gavarni, en deux traits de plume, en quatre coups de crayon, esquisse des scènes de famille qui valent les plus cruels romans de Balzac. — Une vieille femme nettoie des bottes dans une antichambre, et la légende dit : « Depuis que je suis au service de ma fille, j'en ai bien « fait des paires de bottes, mais je n'ai jamais rien vu de si mignon. » — C'est épouvantable. Juvenal paraît fade auprès de ce cynisme ingénu. — Une autre, habillée en maritorne, se tient debout, un panier à provi- sions sous le bras, devant une jeune drôlesse, roulée au coin du feu, dans son peignoir de dentelles : — « Allons, va au marché, m'man, « et n'me carotte pas. » — Il y a des poisons dont chaque goutte re- présente une gerbe de plantes pressurées jusqu'à la lie, jusqu'à l'infection. Quel résidu de mœurs spéciales compliquées, étranges, est exprimé dans cette simple phrase! C'est l'acide prussique de l'observation.

La série que ces lignes précèdent nous offre un millième et nou- veau portrait de la courtisane vieillie et déchue. Cette fois, Gavarni lui a fait toucher le fond : après cela, il n'y a plus rien que la fosse com- mune. — C'est une balayeuse au port d'arme, coiffée d'un vieux chapeau d'homme aux bords éculés. La vieillesse et la misère ont effacé tout vestige de sexe de ce visage grimaçant; un fichu réduit à l'état de

charpie l'empaquette plus qu'il ne la couvre, et laisse à nu son cou
décharné. Au bas, on lit ce calembour sinistre : « A figuré dans les
ballets. » — Ce crayon, autrefois si délicat et si dédaigneux, ne recule
même pas aujourd'hui devant l'image de la crapule et du crime. —
Quel type empoigné sur nature, comme par une main de gendarme,
que l'homme à qui il ne faut point « parler des chiens de garde! »
Avec quelle vigueur il personnifie cette horde d'êtres flétris et souillés
qui s'enterrent le jour dans quelque estaminet sépulcral, et surgissent
la nuit autour des maisons isolées ou à l'angle des rues désertes!
Jamais signalement de police fut-il plus minutieux et plus énergique
que cette figure *marquée* pour le bagne : — de trente à soixante ans,
l'air demi-scélérat et demi-loustic, l'œil aviné, les rides précoces, la
barbe sordide, la casquette ignoble, le bourgeron déchiré, une main
plantée sur un gourdin d'assommeur, l'autre plongé dans un pantalon
aux poches recéleuses... On ne concevrait pas autrement le bagne
incarné.

Un groupe charmant de vérité populaire est celui de cette grosse
fruitière assise à son établi, qui gourmande son *feignant* de fils.
L'enfant appartient à la plus mauvaise espèce des champignons du
pavé de Paris : ...*C'est le pâle voyou — au corps chétif, au teint
jaune comme un vieux sou*, qui vit des bouts de cigare jetés sur le
trottoir, comme le moineau des miettes du pavé. « T'es prop'e à rien;
« fais-toi artis'e. » Ainsi conclut le sermon que la vieille vient de débi-
ter. « Artis'e! » c'est-à-dire peintre ou danseur de corde, figurant à
l'Ambigu ou compositeur. Il est clair que la bonne femme ne distingue
pas bien nettement la profession de Rossini de celle d'écuyer du cirque
Bouthor, ou de jeune premier des Funambules. — Peut-on exprimer
d'un mot plus comique le mépris d'une femme du peuple pour tous
les métiers où l'on ne sue pas.

Et la poissarde (n° 17), avec ses yeux où petille le sel de l'injure,
ses poings sur la hanche, sa bouche mal embouchée, et sa tournure

de borne habillée. Quelle ressemblance tragi-comique! Le papier crie et sent la marée. « Ma crevette? cinquante sous, ma petite dame... Ma « poule? quarante-cinq sous pour vous!... Prenez-vous ça pour qua- « rante sous, mon chéri?... Va donc, poison! » — Admirez l'antithèse de l'exorde à la péroraison, et comme la Sirène se termine brusque- ment en Mégère; toute la rhétorique de la halle, tout le catéchisme poissard est là résumé, condensé, noté, en trois lignes.

En revanche, quelle trivialité honnête et cordiale dans ce couple qui va s'appareiller pour creuser côte à côte le dur sillon de la vie (19). L'homme n'est pas beau, mais il y a dans sa laideur quelque chose de franc et de naïf qui ne déplaît pas. La fille n'est pas belle sous la marmotte qui la coiffe jusqu'aux sourcils et le casaquin dé- braillé qui moule en creux sa maigre poitrine, mais sa longue figure efflanquée par le travail exprime une résignation courageuse. — Il y a aussi loin de la déclaration de ce rude amoureux à celle de Roméo, que du pavé de Paris au balcon de Vérone, mais on y reconnaît l'ac- cent d'un brave et loyal amour. — Que le feu brûle dans l'âtre enfumé sur le trépied de l'autel, c'est toujours le feu. — « Tiens, « Fanny, c'est pas tout ça! t'es honnête, t'as rien : t'es ce qui me « faut; comme aussi bien c'est moi qui te faut... ça te va? ça y est! « Viens boire un canon. »

Quelle comédie parisienne daguerréotypée au passage que celle qui porte ce titre ironique : « Jolie tournure.» Un «Monsieur qui suit les femmes » a été provoquée par l'allure ébouriffante d'une crinoline et la coquetterie d'un petit chapeau qui semble faire des avances aux moulins à vent. Il hâte le pas, il rejoint la dame de tous ces biens, il la devance, il se retourne... O déception! ô surprise! Des yeux éraillés, une bouche édentée, un nez épaté, cinquante ans très – mal conservés, une laideron! un monstre! — Ce joli dessin m'en rappelle un autre où Gavarni a représenté un petit jeune homme assis en tête- à-tête avec un domino noir, devant un souper fin, dans un cabinet du

Café de Paris. Le domino soulève son masque et découvre un visage couperosé, fané, éreinté, que le temps a souffleté de sa patte d'oie sur les deux joues. — « Quand je vous disais, mon cher monsieur, que « j'étais vieille et laide ! » dit-elle au jouvenceau ébahi. — Le vin de champagne est tiré, il faut le boire, et cette leçon, ô jeune homme naïf ! vaut bien, en fin de compte, un pâté de foie gras et une salade de homard.

— « T'as fait une femme ? Tu veux dire qu'une femme t'a fait. » — L'homme qui rabat ainsi la joie du godelureau qui lui raconte sa bonne fortune est d'une ressemblance à faire peur ; il est de Paris, il est du boulevard, on a allumé son cigare au sien, on l'a rencontré ce matin, on le rencontrera ce soir. — Trente-huit ans, une figure frottée aux affaires, usée aux plaisirs ; l'air moitié blagueur, moitié bon enfant. Le jeune homme est le portrait vivant du *gandin* à ses débuts. Il se rengorge dans sa cravate, il prend des airs innocemment mystérieux, il se mire comme un Narcisse de journal de modes dans le vernis de ses bottes. — Pauvre petit !

Du boulevard de Gand, la planche qui porte le nº 16 nous transporte aux antipodes de Paris. C'est sans doute sur un chemin vicinal de la Brie ou du Cotentin que Gavarni a rencontré ce bonhomme, muni de son parapluie, qui tient à son compagnon ce discours : « I ne « pleuvra pas certainement ! mais i pourrait pleuvoir, et feu mon père « disait : Si] fait beau, prends ton manteau ; s'il pleut, prends-le si tu « veux. » — Admirez la tête du bon homme, son œil écarquillé, sa bouche de gobe-mouches, la distance prodigieuse qui sépare son nez de son menton, sa démarche flasque et timide. — En quatre coups de crayon, Gavarni a écrit la monographie d'un individu, d'une espèce, d'un règne tout entier de *l'histoire naturelle* de l'humanité. — Ce petit vieux vous représente le petit bourgeois cloîtré comme un capucin de baromètre dans l'observation de la pluie et du beau temps. On pourrait compter une à une les idées courtes et têtues qui se cognent aux parois de son crâne déprimé par le bonnet de soie noire, pareilles à des hannetons enfermés dans une boîte. — Il habite dans une petite ville une petite maison qui sent la lessive. Je vois d'ici son salon frotté et ciré, et la pendule anacréontique posée sur le marbre de sa cheminée, entre un chat-huant empaillé et une longue-vue précieusement serrée dans son étui en carton. Ce salon donne sur un jardinet symétriquement aligné, orné d'un cadran solaire, et d'un jet d'eau alimenté par une carafe, au milieu duquel moisit un Amour en plâtre. Le maître du logis vit depuis soixante ans colimaçonné dans cette coquille médiocre et proprette, lisant, l'hiver, au coin de son feu, le journal du département, regardant, l'été, d'un œil grossissant comme le verre d'une loupe, pousser les brins d'herbe et les pissenlits de ses plates-bandes. Sa sagesse se compose de quatre ou cinq proverbes d'almanach, suivis à la lettre. Il fera demain ce qu'il a fait hier; les événements de son existence sont la réussite de ses confitures, et le loto qu'il joue le dimanche avec le curé et le percepteur de l'endroit. — Voilà ce qu'on lit sur ce profil niais et bonasse, que Gavarni a dessiné sans prédilection et sans répugnance, et comme un botaniste décrirait, feuille à feuille, la plante vulgaire d'un herbier.

Retournons à Paris pour regarder au passage ce brave homme qui passe, donnant le bras à sa jolie fille, et roulant cette grande pensée dans sa tête : « Ma fille va entamer son grand morceau ! » Est-ce au concours du Conservatoire qu'il la mène, ou au concert dans lequel va débuter la prima-donna en herbe et en fleur ! — Comme il est fier de sa fillette ! Que de sacrifices il a faits à cette jeune voix si fragile ! Toutes ses épargnes y ont passé. Mais sa fille sera une artiste, une grande artiste ! Il voit déjà en rêve les directeurs venant lui offrir sur des plats d'or les clefs de leurs théâtres avec des engagements fabuleux. — La petite est jolie, mais sa physionomie chiffonnée est déjà sans timidité et sans innocence. Elle a la coquetterie pimpante d'une marionnette parisienne enhardie par l'apprentissage de la scène,

par les contacts de la vie libre, habituée à courir seule, et à voir les
passants se retourner pour admirer sa beauté du diable. — Veille bien,
bon homme, sur cette fille peut-être mal gardée; prends garde que ton
oiseau chanteur ne prenne trop tôt sa volée! — Une fois partis, les
oiseaux de cette espèce-là s'envolent si loin de leur humble nid, qu'ils
se perdent et n'y rentrent plus.

Nous avons à peine effleuré dix dessins choisis au hasard; et que
de scènes, que de figures diverses ont déjà passé sous nos yeux! C'est
là une des originalités de Gavarni; il ne se répète jamais, il se renou-
velle sans cesse dans la plus féconde et la plus inépuisable invention.
— Voilà vingt-cinq ans qu'il jette au vent ces milliers d'esquisses où
l'histoire des mœurs de notre époque est écrite au jour le jour, dans
ce qu'elle a de plus fugitif et de plus exquis. Son œuvre complet est
impossible à réunir; lui seul, dit-on, le possède. Qui pourrait jamais
rassembler cette volée de feuilles dispersées aux quatre coins du
monde? On ne saurait donc trop encourager les éditeurs à rassembler
désormais sous forme d'album ou de volume ses dessins futurs. Le
poids du livre les empêchera de s'éparpiller. — Quels trésors d'observa-
tions et d'aperçus durables prodigués dans ces pages éphémères! Pages
frivoles, sans doute, mais qui surnageront par leur légèreté même, et
auxquelles on viendra demander plus tard ce que l'histoire, ce que la
chronique, ce que l'anecdote elle-même ne donnent pas : les lueurs,
les nuances, les aromes, les *manières* de la vie sociale, toutes ces
choses subtiles et mobiles qu'il n'appartient qu'à ce crayon aimanté
d'attirer et de recueillir. — Vous imaginez-vous le prix qu'auront, dans un
siècle ou deux, ces lithographies que nous parcourons aujourd'hui d'un
œil et d'un doigt distraits? Que de détails égarés, que de traits effacés,
que de choses perdues elles feront revivre!

Vous souvient-il de ce tableau de Gleyre, intitulé la *Barque de la
vie?* Un homme est assis, au crépuscule, sur une rive déserte. Devant
lui, emportée par le fleuve rapide, passe une barque pleine de jeunes

hommes et de jeunes femmes couronnées de fleurs. Ils sont tous là, les amis et les maîtresses de sa vingtième année, équipage d'illusions, de rêves et d'amours, que le courant emporte dans la nuit et dans le passé. — L'homme leur tend les bras du rivage; il supplie le flot qui passe, le vent qui souffle, la nuit qui tombe... Vains regrets, prières inutiles ! La barque file et disparaît; les formes gracieuses et confuses de ses passagers s'évanouissent, il ne reste de l'apparition que des ombres qui flottent et s'engloutissent dans le sillage replié. Cette impression mélancolique, qui de nous ne l'éprouve en feuilletant les anciens cahiers de Gavarni? Ils font défiler sous nos yeux des scènes de notre vie qui sont déjà des visions, des êtres que nous avons aimés et qui sont déjà des fantômes.

Pour ne prendre qu'un seul exemple : où est la grisette dont Gavarni a crayonné si spirituellement les fraîches amours et la vie légère? — Elle est morte cette fille de l'Amour et de la Pauvreté ; elle été écrasée par le coupé flambant neuf d'une *biche* qui allait au bois! La robe et le bonnet de Mimi Pinson ont été vendus à l'encan; le dernier des étudiants a doctement disséqué la dernière grisette, et son pauvre petit squelette pendille peut-être aujourd'hui dans quelque mansarde du quartier Latin, entre une cage vide et une pipe éteinte. Elle a passé la saison des résédas et des giroflées, celle des camélias la remplace. Gardons-nous de retourner aux bois de Vincennes et de Meudon, si chers aux amoureux d'autrefois! les lauriers sont coupés, et les grisettes sont parties. Où retrouver cette génération printanière, si ce n'est dans ces dessins qui ont pris au vol sa rapide image? — Tels de beaux papillons morts avec la saison qui les fit éclore; ils ne volent plus, ils ne butinent plus, on les chercherait vainement dans l'air refroidi. Mais on retrouve leur suave empreinte calquée sur le papier soyeux. Ils ont déposé là leur forme aérienne, l'azur et l'incarnat de leurs ailes. — Il semble que d'un souffle on les ferait s'envoler.

Et ce carnaval parisien, aujourd'hui dégradé par la grossièreté qui

nous envahit, mais qui eut vingt ans d'esprit, vingt ans de splendeur!
Gavarni nous l'a conservé tout entier; il revit, il danse, il tourbil-
lonne dans les milliers de dessins que l'artiste lui a consacrés. Le bal
de l'Opéra n'est plus à l'Opéra, il est dans l'œuvre de Gavarni. — Du
carnaval de Venise, de ce carnaval qui fut pendant deux siècles la
foire de l'Europe, que reste-t-il? Un air de violon, au son duquel les
poëtes seuls peuvent évoquer sa fantasmagorie dissipée.

L'air du *Carnaval de Venise*,
Sur les canaux jadis chanté,
Et qu'un soupir de folle brise
Dans le ballet a transporté,

Il me semble, quand on le joue,
Voir glisser dans son bleu sillon
Une gondole avec sa proue
Faite en manche de violon.

Sur une gamme chromatique,
Le sein de perles ruisselant,
La Vénus de l'Adriatique
Sort de l'eau son corps rose et blanc.

Avec ses palais, ses gondoles,
Ses mascarades sur la mer,
Ses doux chagrins, ses gaîtés folles,
Tout Venise vit dans cet air.

Du carnaval de Paris, de ces bals de l'Opéra qui le concentrent
et le résument, il restera, grâce à Gavarni, les groupes, les masques,
les costumes, les attitudes, les gestes, les danses, l'ivresse, le bruit,
l'esprit, l'esprit surtout. Les légendes de ces folles images ont l'étincel-
lement et l'électricité de l'ivresse. — Vous croiriez entendre ces *mots gelés*
dont parle Rabelais, et que Pantagruel entendit tout d'un coup petiller
en l'air à ses oreilles assourdies. — Un rayon de soleil les avait fondus.

Est-elle jolie et pimpante, cette débardeuse qui tord si lascive-
ment sa taille prise entre les mains d'un gros Turc. — « Dachu! Da-

« chu! tu m'ennuies! — Non, Norine, c'est toi, qui t'ennuies. » — Et
cette petite masque campée, les mains derrière le dos, devant un grand
flandrin cravaté jusqu'aux oreilles, ganté jusqu'aux coudes : — « Dieu!
« que voilà donc un m'sieu comme il faut! — Plaît-il? — Non. » —
Place à ce polichinelle grimé en suisse de paroisse et au pierrot qui
marche derrière, portant un plat d'argent avec la majesté d'un bedeau :
— « Pour boire à la santé des malheureux qui meurent de soif, s'il
« vous plaît! » — Prêtez l'oreille au cri de la pierrette prenant sa
volée : « Dieu! mes amours! comme mon seigneur et maître est une
« chose dont je me fiche pas mal ce soir! » — Watteau signerait cette
jolie fille dont un manteau noir recouvre jusqu'aux genoux la fringante
toilette, et que courtise un ci-devant — jeune — homme, le lorgnon au
vent, et la main dans l'échancrure du gilet : — « Comment, mosieu! à
« l'heure qu'il est, vos galanteries ne sont pas encore couchées? » — On
est sur sa bouche, mais on est aussi sur son cœur. — « Si, j'aime bien
« le homard, mais je n'aime pas le pierrot », répond un titi assis, jambe
pendante, sur le rebord d'une loge, aux propositions d'un vieux Gilles.

Ce bloc enfariné ne lui dit rien qui vaille.

Diogène *revient* en chiffonnier au bal de l'Opéra. Il trimballe
sa hotte sordide et sa crasseuse lanterne au milieu de ce monde
de soie et de joie, comme autrefois il traînait ses sandales crottées
sur les tapis de Platon : — « Qu'est-ce que tu peux venir chercher
« par ici, philosophe? » — lui demandent deux dominos blancs. —
« Je ramasse toutes vos vieilles blagues d'amour, mes colombes,
« on en refait du neuf. » — Voyez vous d'ici l'étonnement de ce
petit vieux, à calotte noire, qui entre timidement, un parapluie
et un dossier sous le bras, dans une chambre pleine de masques
éclairés à une flamme de punch, et qui se trouve face à face avec
un grand diable déguisé en nourrice, aux appas rebondis et rebon-
dissants. — « Mosieu Émile Jolibiais, s'il vous plaît, avocat à la Cour

« royale? — C'est moi, m'sieu. » — Ce Chactas en lunettes, qui, le jour,
doit tripoter la rente à la coulisse, ou plaider à la sixième chambre,
est-il fier de sa coiffure de plumes et de son collier de griffes d'ours! —
« J'suis pas mal sauvage, et vous, Madame?» — Elle l'a enfin retrouvé
au bal de l'Opéra, ce *vieillard stupide*, qui un jour rompit avec
elle, après la découverte d'un Arthur plié en quatre dans son armoire
à glace. — Elle lui met sur l'épaule sa jolie patte blanche, ses yeux de
chatte le câlinent à travers les fentes du velours. — « T'as eu
« tort, Émile, de t'être défait, pour des bêtises, d'une personne qui
« t'était bien attachée au fond! » — Émile hésite, il s'attendrit, il pardonne, il est vaincu. Le tour est fait. — La morale même élève la voix
au bal de l'Opéra, ce n'est pas celle de Nicole et de Vauvenargues, mais,
bast! au bal masqué! — Écoutez la leçon qu'Arlequin fait à Colom-
bine. — « Monter à cheval sur le cou d'un homme qu'on ne connaît
« pas, t'appelles ça plaisanter, toi! » — Les femmes se défendent : faut
de la vertu, mais pas n'en trop n'en faut. — « N'y aurait pas de société
« possible, si une dame ne pouvait pas accepter un verre de quelque
« chose, sans qu'on y fiche une giffe après, parce qu'elle aura dansé
« avec un autre. Pas vrai, Polyte? » — *E finita la musica.* Il est six
heures ; la salle se vide, le foyer s'éclaircit, les loges se dégarnissent;
l'orchestre ronfle son dernier morceau. — Ils sont là deux postillons
de Longjumeau, éreintés, fourbus, couronnés à leurs jarrets qui plient,
bâillant de fatigue. Ils avaient sonné la charge, ils ne sonnent pas la
victoire; pas une femme ne s'est prise entre les pinces des homards
qu'ils offraient partout comme amorce. Ils ont perdu leur nuit blanche.
Ces deux grands débris se consolent entre eux. — « Si nous soupions
« tout uniment tous les deux, ça serait plus simple? » — Quant à la
moralité à vol d'oiseau du bal de l'Opéra, la voici, criée avec de grands
gestes par un *chicard* ahuri : — « Oh! hé! v'là le jour! oh! hé! bon-
« soir la' foire aux amours! » — Autre épilogue plus philosophique et
plus large encore. — « Y en a t'-i des femmes! y en a t'-i! Et quand

« on pense que tout ça mange tous les jours que Dieu fait! C'est ça qui
« donne une crâne idée de l'homme! »

Quel sabbat en verve! quel brio d'enfer! quelles petillantes bac-
chanales! Vous diriez de joyeux damnés persiflant et philosophant
dans un enfer de fusées. Gavarni, à l'Opéra, nous rappelle le duc de
Buckingham se promenant dans un bal, vêtu d'un habit décousu qui
pleuvait des perles. Les dessins ont l'esprit du texte. — On n'a jamais
assez apprécié le *faire* de ce grand artiste si léger à la surface, au
fond si savant. Toutes ces figures sont jetées, posées, indiquées avec
une admirable justesse. Aucune réminiscence de tableau, aucun souvenir d'école, aucune convention de modèle, mais la ressemblance, la
sincérité, le frémissement de la vie moderne. C'est ainsi que sont faits
les Parisiens d'à présent; c'est ainsi qu'ils marchent et qu'ils gesticu-
lent, et qu'ils portent leur binocle, et qu'ils déclarent leur amour!

La *Comédie humaine* de Balzac, l'Œuvre de Gavarni, deux monuments qui se correspondent, et où la postérité viendra chercher l'empreinte de nos mœurs. — Encore, Balzac a-t-il, dans son ordre, des
émules, sinon des égaux. Gavarni est seul dans le sien. On lui a souvent comparé Daumier et Grandville. — Il y a aussi loin de Gavarni
à Daumier que de La Bruyère à Rabelais. — Daumier n'est pas le por-
traitiste, il est le caricaturiste de son temps; il n'en observe pas,
comme Gavarni, les hommes et les choses avec une lorgnette de la
plus limpide transparence, mais avec un microscope d'un grossisse-
ment formidable. Les vulgarités, les ridicules, les laideurs, prennent
sous son crayon un tour baroque et renflé qui frise la féerie; il
exagère dans la trivialité et dans le comique, comme Michel-Ange dans
la force et dans la grandeur. Son violent génie n'a ni mesure ni
réserve. Lorsqu'il attaque un type, il le pousse tout aussitôt à l'extrême.
L'hyperbole est sa forme, son procédé, sa puissance. — Aussi, comme
tous les maîtres excessifs, Daumier, malgré sa fécondité, est-il forcé-
ment monotone. — Son bourgeois, par exemple, ne change jamais de

physionomie; il n'est tiré qu'à un exemplaire ; il reste le même, quelle que soit sa spécialité ou sa profession. — C'est toujours plus ou moins ce Joseph Prudhomme qui, depuis vingt-cinq ans qu'il ne cesse de croître et d'enlaidir, a pris l'obésité et la monstruosité d'un poussah. Gavarni, au contraire, caractérise, par mille nuances diverses les bourgeois qui passent dans son œuvre. A un trait de leur figure, à un pli de leur costume, il vous fait reconnaître, à première vue, leur état social et intellectuel. — Voici le petit rentier et voilà le boutiquier. — Celui-ci est un sot, — celui-là n'est qu'un imbécile.

Quant à Grandville, qu'y a-t-il de commun entre sa fantaisie pesante et mesquine et l'*humour* sagace et expressif de Gavarni ? Grandville ne se place pour observer ni dans la réalité, ni dans l'idéal, mais dans je ne sais quelle *chambre noire* de physique amusante, où toutes les figures grimacent et se déforment, comme si elles étaient reflétées par des miroirs oblongs ou concaves. Sa gaieté est baroque, son esprit est un logogriphe, sa moquerie une parodie. La vraisemblance, le goût, la justesse lui sont aussi étrangers qu'à un peintre chinois les lois de la perspective.

Par la clarté de son coup d'œil, la finesse de son tact et l'originalité d'une exécution qu'on définirait en l'appelant un daguerréotype spirituel, Gavarni est et restera le seul peintre fidèle des mœurs de ce temps. Si j'avais un titre général à donner à son œuvre, j'inscrirais sur son frontispice : « Mémoires de la vie privée du dix-neuvième siècle. »

PAUL DE SAINT-VICTOR.

PARIS. — IMPRIMERIE DE J. CLAYE, RUE SAINT-BENOIT, 7.

D'APRÈS NATURE

D'APRÈS NATURE

PAR GAVARNI

TEXTE PAR

MM. JULES JANIN, PAUL DE SAINT-VICTOR, EDMOND TEXIER, EDMOND ET JULES DE GONCOURT

3me Dizain, par EDMOND TEXIER

PARIS

MORIZOT, LIBRAIRE-ÉDITEUR

3, RUE PAVÉE-SAINT-ANDRÉ

1867.

Par Gavarni.

21

—Tu vas encore jouer aux dames avec Dachu ! Et qu'est-ce
que vous diriez si nous disions, moi et M'ame Dachu, tous les
soirs : bonsoir, nous allons jouer aux M'sieux !....hein ?

Imp Lemercier Paris

Par Gavarni

22

— C'mur là ! Bourgeois, oh ! vous serez 'core couché
avant lui.... Et de la jolie marchandise !

Imp. Lemercier Paris

Par Gavarni.

23

— Plantez des filles . . . . il vous viendra des godelureaux.

Imp Lemercier, Paris.

Par Gavarni.

24

— Faut que je te confie ... à toi ! .... ce qu'a fait ...
l'opposition à mon mariage, avec la fille à Picheux.
C'est .... l'Gouvernement.

Imp. Lemercier, Paris.

Par Gavarni.

25

—.....La petite Moniquet ?...encore une qu'à mal tourné !
— Sa mère pourtant était une bien brave femme !
— Et son père aussi.

Imp. Lemercier, Paris.

Par Gavarni.

Une orgie.

Par Gavarni.

27

—M'sieu Hérault !.....V'la Léand'e.

Imp Lemercier, Paris

Par Gavarni

28

_ Si mon lorgnon m'empêche de voir ça ne regarde personne !

Imp. Aubert et Cie, Paris

Par Gavarni.

29

__ Mon homme et le tien , vois-tu , Phémie . . . . .
__ Deux brigands !
__ Et nous n'aurons pas la chance d'en voir seulement
un des deux pendu.
__ Pour avoir tué l'aut'e .

Imp Lemercier. Paris.

Par Gavarni.

30

Une calomnie.

Imp Lemercier Paris

D'APRES NATURE

Monsieur, monsieur, rappelez-vous votre lune de miel! il y a, je crois, cinq ans... Les affaires de chaque jour à peine terminées, vous accouriez auprès de votre femme; elle vous attendait avec un doux sourire, avec un succulent dîner; vous vous mettiez à table, et c'était une fête complète, une fête du cœur et des sens que vous prolongiez le plus possible.

Si, par hasard, Dachu venait vous rendre visite, passé huit heures, il vous trouvait caressant encore les friandises du dessert. Il se récriait, et vous de lui fermer la bouche avec une dragée... Souvenez-vous-en! souvenez-vous-en!

Madame versait le café : quel arome! quelles blanches mains! et si tendres, si transparentes! Un morceau de sucre au bout de ces mains-là vous semblait plus désirable qu'un lingot d'or sur un coussin de velours. Vous les baisiez de tous vos yeux en dégustant votre moka... Souvenez-vous-en! souvenez-vous-en!

Après le café, le cigare — autorisé par Madame. Pour le coup, Dachu prenait son chapeau; il avait besoin, disait-il, de respirer le grand air. Il s'en allait l'oreille basse, pauvre Dachu! Madame triomphait, et vous, comme un dieu homérique, vous l'enfermiez dans votre nuage.

Maintenant, c'est Dachu qui triomphe tous les soirs.

Dachu! quelles paroles cabalistiques a-t-il donc prononcées sur votre tête, quel sort vous a-t-il jeté, pour vous rendre méconnaissable à ce point? vous, la fleur des maris, l'amabilité en personne...

> Comment en un plomb vil l'or pur s'est-il changé?

Vous n'entrez plus chez vous qu'avec une physionomie maussade. Votre femme vous sourit, et vous ne remarquez pas son sourire. En vain le potage exhale en votre honneur un délicieux parfum, vous blâmez le potage. Vous ne dînez pas, vous mangez à la hâte, brutalement, fiévreusement, et sitôt votre faim satisfaite, la bouche à peine essuyée, vous cherchez votre chapeau... Car il faut que Dachu vous trouve prêt à le suivre.

Que dis-je? vous ne l'attendez même pas, vous courez à sa rencontre. Et votre femme reste seule.

Monsieur, monsieur.....

Et vous croyez bonnement que votre femme ainsi délaissée, votre femme jeune, belle, attrayante, si riche d'esprit et d'amour, et comprenant ce qu'elle vaut, réduite à causer une moitié de la nuit avec sa perruche ou avec madame Dachu, se contentera éternellement d'une telle excuse : « Je vais jouer aux dames? »

Prenez garde que demain elle ne retourne le calembour — en action.

Voici, par exemple, un vieux maçon qui ne songe guère à jouer aux dames. Harassé, quand vient le soir, il ne soupire qu'après un bon souper, qu'après un bon sommeil; il regagne son gîte à pas pressés mais lents, et tous les jeux du monde ne sauraient le distraire en chemin.

Il arrive, dépose ses outils; mais le souper tant convoité n'est jamais en harmonie avec sa large bouche. Le lit non plus n'est pas en harmonie avec sa fatigue : dur, étroit, presque nu, à peine si le corps du vieillard, en se recroquevillant, peut y trouver place.

Et pourtant ce vieillard n'a pas à expier une folle jeunesse comme cent autres que vous avez vus défiler sous vos yeux. Ses rides si profondes, ses meurtrissures ne sont pas les stigmates du vice. Il peut porter ses haillons sans rougir, car, depuis l'âge où l'homme se connaît, il a toujours, toujours travaillé.

Mais qu'est-ce que le travail, dites, sans un capital qui le féconde?

Ah! s'il avait eu un capital entre les mains, à vingt ans, le vieux maçon d'aujourd'hui, pauvre, souffreteux, déguenillé, serait, je vous le jure, un gros personnage au teint fleuri. — Sans cesse en éveil, à l'affût des affaires, il aurait cumulé les *entreprises* : ici un pont, là un aqueduc, plus loin une caserne, plus loin une église gothique; il aurait frelaté ses pierres comme les épiciers frelatent leurs denrées; jugez quels bénéfices, indépendamment de sa main-d'œuvre! — Au lieu de ces bénéfices, je veux dire de ces monuments, il n'a édifié, toute sa vie, que des colombiers et des margelles de puits, des murs longs comme le bras pour enclore de petits jardins. Et cela sous l'inspection immédiate, méticuleuse, de petits bourgeois qui n'acceptent jamais un moellon avarié.

Regardez-le au pied de son modeste échafaudage. Le bourgeois, un ancien mercier qui a fait de bonnes affaires à la Bourse, rôde autour de lui, s'inquiète, s'informe, gronde, chicane, taquine le pauvre homme jusqu'à extinction de patience.

Mais le pauvre homme, heureusement, a remarqué des nuances

grisâtres dans la chevelure de son persécuteur ; aussitôt il s'est rappelé
le proverbe :

> Vieilles gens qui font bâtir,
> Vieilles gens qui vont mourir ;

et, de l'air le plus candide, avec un accent convaincu et prophétique :
— C' mur-là, bourgeois, oh ! vous serez 'core couché avant lui.

Je gage, maintenant, que le bourgeois trouve son mur assez so-
lide, — et qu'il ne viendra plus affronter pareille réponse.

Heureux père !.... jusqu'à présent.

Il a planté des filles, — peut-être sans le vouloir, — mais, les
ayant plantées, il a travaillé pour elles comme une dizaine de nègres.
Il a fait fortune en dix ans, il a quitté la grande ville et le petit com-
merce, il s'est réfugié à la campagne ; et là, dans une retraite om-
breuse, odoriférante, oublieux de tout le reste, il surveille l'épanouis-
sement de ses filles parmi les fleurs.

Jamais il n'a regretté les boulevards ni le théâtre des Variétés ; jamais les encombrements de voitures, ni les affiches monstrueuses ;
jamais la colonne Vendôme, le pont d'Iéna, les feux d'artifice, les illu-
minations, — ni la frégate-école qui trône si mélancoliquement sur
les eaux douces de la Seine.

Il n'a rien regretté.

Ses filles, ses deux enfants, leurs sourires et leurs caresses, leurs
jeux mutins sur le gazon, leurs éclats de voix, leurs espiègleries, voilà
son unique préoccupation, l'enchantement de toutes ses heures. Il les
regarde grandir, embellir...

Il est heureux et fier ; si fier, que le roi de France et de Navarre ne serait pas son cousin, en supposant qu'il y eût encore un roi de France et de Navarre.

Ce matin, comme tous les matins, il a vu se lever le soleil, il a compté les arbres de son verger, il a fait le tour de son enclos; puis, deux voix argentines l'ont salué, deux formes ravissantes sont accourues... Ses filles, qui veulent aussi respirer la fraîcheur.

— Bonjour, père! bonjour, père!

— Bonjour, mes adorées!...

Mais déjà elles ne l'écoutent plus. A travers l'ombre et le soleil, à travers les charmilles et les bouquets d'arbustes, le long des plates-bandes étincelantes, au bord du ruisseau qui prend feu, elles passent, glissent, voltigent; elles s'arrêtent pour contempler un scarabée; elles s'élancent à la poursuite d'un papillon; elles cueillent leur parure embaumée, leur parure éphémère, et, devenues rêveuses tout à coup, elles vont s'asseoir là-bas, s'asseoir et soupirer.

Le père les voit encore, les voit toujours; il n'entend pas leurs soupirs. « Sont-elles donc enfants! » répète-t-il. Mais voici, dans le feuillage, un merle facétieux qui lui répond par ce vieux refrain, ce menaçant refrain :

> T'as de belles filles,
> Giroflé, Girofla;
> T'as de belles filles,
> L'Amour m'y compt'ra.

C'est juste à ce moment que la figure du père vous est offerte. Vous y trouvez l'orgueil et la tendresse, mais aussi la chanson du merle, et un sourire commencé qui s'arrête dans une ride.

> T'as de belles filles,
> Giroflé, Girofla...

Et, à mesure que pleuvent les notes railleuses, des *soucis* par milliers croissent dans le jardin... Un bruit de pas se fait entendre,... l'Amour se présente avec un arrosoir...

Pauvre père! tes filles l'ont salué.

Encore une déception! — Galochard avait annoncé bruyamment son mariage avec la fille à Picheux : une fille de vingt ans, colorée comme une rose du Bengale, grasse, dodue, exubérante, mais vive et légère, toujours accorte, jamais paresseuse, et riche!... comme le comptoir d'un épicier. Jugez si Galochard excitait l'envie universelle.

— Faut-il qu'il ait de la chance! disaient ses camarades amèrement.

— Il a tiré un fameux numéro, fameux! répétaient les vieilles femmes.

Et les marchands de s'écrier : « Ce sera une fameuse pratique! » Exclamation qui se traduisait, pour Galochard, en un crédit inusité.

Galochard profitait du crédit... surtout chez le marchand de vin, où on le rencontrait plus souvent que sur les chantiers de son patron. Il avait l'amour altéré et la soif généreuse : « Veux-tu trinquer à la santé de ma future? disait-il à tout venant, trinquons ! — Un beau brin de fille... — Je m'en flatte. — Et qui a les yeux jaunes! » Galochard se rengorgeait. Il était beau dans ces moments-là comme une tête de Jordaens. « Encore un petit verre? — Soit. — A la santé du père Picheux ! — Du père aux écus... »

Après cette petite scène, renouvelée quinze ou trente fois, Galochard, en titubant, se dirigeait vers le gargotier. — « Montre un peu tes échantillons, que je compose mon repas de noce. » Or il avait l'amour aussi affamé qu'altéré; le gargotier, de son côté, se piquait d'honneur... Je vous laisse à penser quelle bombance, quels *tronçons de chière lie!*

Cependant les bans de Galochard et de la fille à Picheux tardaient à se publier. — Un matin, comme un coup de tonnerre cette nouvelle éclate : Le mariage est rompu!

Grande rumeur dans le quartier. On s'informe, on s'interroge, on fait des commentaires à perte d'haleine; l'envie prend sa revanche.

— Parbleu! disent les pères de famille, Picheux ne pouvait pas s'aveugler toujours sur le compte d'un pareil gars.

— Il paraît, ajoutent les mères, que ce vaurien brutalisait déjà sa fiancée.

— Quelle horreur! Il aurait mangé sa dot...

— Il y mordait déjà pas mal!

— Et ensuite il l'aurait abandonnée... avec deux ou trois enfants sur les bras.

On raconte des traits pendables de Galochard.

Les jeunes filles observent que, fût-il un modèle de conduite, sa figure et son visage laisseraient encore à désirer.

On détaille Galochard, on ricane et l'on siffle.

Ricanez et sifflez; la conscience de Galochard ne lui reproche rien, son miroir non plus. A toutes vos clameurs il oppose un dédain superbe. Il hausse les épaules.

Car il sait à quoi s'en tenir!

Et quand viendra le gargotier, auquel il doit des égards, — voyez cette main terrible qui se lève et qui additionne, — Galochard la refera retomber d'un mot : *le gouvernement!!*

Dignes commères! Braves commères! Infatigables *chroniqueuses* qui ne se font pas payer leurs chroniques! Elles ont déjeuné tout simplement avec une tasse de café au lait, et voyez (écoutez plutôt), elles *travaillent* comme si une bouteille de Médoc ou de Johannisberg circulait dans leurs veines.

Avez-vous besoin de renseignements sur l'épicier du coin? approchez. Voulez-vous savoir au juste pourquoi la marquise de Carabas a vendu son hôtel? approchez encore. Désirez-vous sur la dernière comète, cette messagère céleste, des explications plus précises, plus étendues que celles des savants? approchez toujours.

Et vous qui n'éprouvez d'intérêt pour rien au monde, flâneurs ennuyés, automates britanniques, jeunes gens ou vieillards dont la vie est un long bâillement, arrêtez-vous, puisque aussi bien aucun motif ne vous sollicite ailleurs... Peut-être, dans ce torrent de paroles désordonnées, une épave heurtera votre attention, un lambeau d'anecdote s'accrochera aux boutons de votre habit, et, sans vous en douter, vous rapporterez chez vous un sujet d'étude, un *incitamentum*, un élément précieux de curiosité.

Qui donc a osé les comparer à des perroquets, ces dignes, ces braves commères? Il n'a pas seulement commis une injustice, il a dit une sottise.

Comparer un bec à un orchestre! une langue épaisse et lourde à ce dard électrique! un écho, toujours le même, à cette improvisation jaillissante, à cette comédie précipitée qui chasse devant vous mille personnages!

Ayez bon œil et prompte intelligence. — La petite Moniquet traverse la scène.. Qu'est-ce que la petite Moniquet?

— Une qu'a mal tourné.

— Sa mère pourtant était une bien brave femme.

— Et son père aussi.

On ne vous en dira pas davantage. Condamnez, maintenant, ou excusez la pauvre orpheline.

Vous l'excuserez, car cette brève et burlesque façon de dire a serré votre cœur, et vous avez entrevu, vous avez pressenti toutes les angoisses de l'abandon. Vous avez entrevu la petite Moniquet dans sa mansarde... Elle pleure! elle a faim et elle a froid! Elle voudrait tra-

vailler pour manger, mais à qui demander du travail? D'ailleurs, en
supposant qu'on lui en offre, ce travail ne la nourrira pas.

Et l'Amour qui le sait, l'Amour se présente déguisé en consola-
teur. On l'écoute, on est heureuse; pendant un mois ou deux on bâtit
des chaumières en Espagne; — puis le malin s'envole avec un grand
éclat de rire.

— Pauvre petite Moniquet, que ce rire t'avertisse! Ne bâtis plus
de chaumières en Espagne...

— Non, mais réclame, en plein Paris, de somptueux appartements.

Qui parle ainsi? L'Amour, déguisé cette fois en agent de change.

La petite se laisse éblouir, elle écoute, elle cède;... et voilà encore
une étoile du demi-monde,

> Encore une étoile qui file,
> Qui file, file, et disparaît.

Ah! pour le coup quelle orgie que cette orgie!

Cet homme que vous voyez bouleversant la boutique en plein vent
du bouquiniste, est possédé de la plus dangereuse passion et de la plus
despotique, de la passion de la bibliomanie. Il croit, comme Alexandre,
que rien n'est fait tant qu'il reste quelque chose à faire, qu'il ne possède rien tant qu'il peut envier les trésors d'un autre. Ce dénicheur
de livres rares m'a avoué qu'il avait été pris d'un invincible désir de
mettre le feu à sa propre bibliothèque, après avoir visité celle de
M. Félix Solar, la plus belle et la plus riche bibliothèque particulière
de Paris. L'envie, la jalousie, l'appétence du bien d'autrui, tels sont les
moindres défauts du bibliomane, qui en a encore bien d'autres. Il a
pour tout le monde, et surtout pour ses confrères, une telle défiance,
qu'il ne permet jamais qu'on touche à ses livres. Il les tient à la

main, les montre, les laisse admirer tant qu'on veut, mais il ne les lâche pas.

Voulez-vous que je vous raconte à ce sujet une petite anecdote?

J'ai connu à La Haye un collectionneur de précieux bouquins, et qui possédait la plus riche bibliothèque connue d'Elzévirs. Pour être admis à visiter ses microscopiques richesses, il fallait que ses amis les plus intimes se soumissent à l'humiliante condition de revêtir par-dessus leur habit une grande robe sans manche et sans ouverture pour laisser passer les bras. Ce brave homme est mort il y a trois ans au milieu de ses chers Elzévirs, qu'il a légués à sa ville natale. Malgré l'obligation de la robe sans manches imposée à tout visiteur, deux Elzévirs avaient disparu dans l'espace de dix ans.

Le voleur devait être un bibliophile.

De tous les êtres créés par Dieu, le bibliophile est sans contredit le plus égoïste et le plus féroce. La passion de l'or n'est rien comparée à la passion du livre. Le public ne comprendra jamais toutes les passions malsaines qui agitent l'âme d'un amateur de bouquins à la vue d'un exemplaire unique ou simplement noté comme rare sur les catalogues. Pour arriver à la possession de ce bienheureux exem-plaire, quelles lâchetés ne ferait-il pas? il irait même jusqu'au crime. Le fait suivant, qui s'est passé à Londres l'année dernière, démontrera mieux que tout ce que je pourrais dire, à quels excès peut se laisser entraîner un homme, même bien né, qui ne sait pas refréner le démon bibliographique.

Deux gentlemen, grands amateurs, conviennent de faire fabriquer à frais communs, chez Wittigham, le premier imprimeur de l'Angle-terre, un livre qui ne sera tiré qu'à... deux exemplaires. Ils comman-dent le vélin, achètent des caractères neufs, surveillent l'impression et le tirage, et n'épargnent rien pour faire de ces deux exemplaires, en-richis de gravures originales, les deux merveilles de la typographie moderne. L'édition imprimée, tirée et brochée, est portée chez un

relieur habile, qui donne aux deux volumes un vêtement splendide, de
tous points semblable, et nos deux gentlemen entrent chacun en possession de son trésor.

Vous croyez peut-être que ces deux hommes sont heureux? Pas
du tout. Celui-ci envie l'exemplaire de celui-là. J'ai un beau volume,
pense-t-il, mais l'autre a un volume aussi beau que le mien. A quelque
temps de là, l'un des deux part pour la campagne, l'autre se rend aussitôt, son exemplaire sous le bras, chez son ami absent, et prie la femme
de cet ami de lui communiquer, pour un instant, le second exemplaire, afin de comparer les gravures du premier avec celles du second. La femme, sans défiance, livre le bouquin que l'ami semble feuil-
leter avec le plus grand soin, et dont il déchire à la dérobée deux ou
trois feuillets, après quoi il retourne chez lui avec son exemplaire
désormais unique.

Je n'hésite pas à dire, quant à moi, que cet homme que Gavarni
a représenté cherchant un livre précieux caché dans ces volumes à dix
sous est très-probablement un gredin de la force du gentleman dont
je viens de vous parler.

Que voulez-vous? celui-là est concierge d'une maison où il y a un
atelier de peinture. Le peintre reçoit chez lui des littérateurs qui
viennent fumer un cigare, sous prétexte d'esthétique, et voilà comment
Pipelet s'est frotté à la littérature. Il a vu d'ailleurs l'artiste occupé
pendant trois mois à brosser une Héro versant une coupe de parfums
sur les cheveux de Léandre, et il a naturellement pris le féminin pour
le masculin, celle-ci pour celui-là. Un beau jour arrive une belle dame
qui a traversé l'océan des agitations humaines. Évidemment, c'est
Léande, car c'était *Léande* qui franchissait chaque nuit un bras de
mer pour se jeter dans *ceux* d'Héro. « M'sieu *Hérault, v'la Léande.* »

Notre homme veut montrer qu'il n'est la dupe de rien, et qu'il sait de
quoi il retourne. Ah! les portiers, quels philosophes!

Cet autre a vingt ans, pas de barbe, une raie au milieu de la
tête qui sépare ses cheveux en deux parties égales, et un col de chemise au-dessus de son âge.

Il prend ses chapeaux chez Pinaud, se fait habiller par Renard,
et rêve qu'il va devenir l'amant de la princesse de Trébisonde.

Si vous lui parlez d'Hugo? — Connais pas. — De Lamartine? —
Connais pas. — D'Alfred de Musset? — Connais pas. Il connaît le boulevard de Gand, la rue La Bruyère, la rue Pigalle, la Maison-Dorée,
les Délassements-Comiques, Sabretache, Pistolet, Gris-de-Souris, Blanc-
de-Perle, et toutes ces demoiselles des Bouffes parisiens et d'ailleurs.

Ce qui le tourmente, ce n'est ni le problème de la destinée ni
celui de la cause finale... mais il est un peu sombre depuis ce matin,
parce qu'il a remarqué que le pantalon que vient de lui apporter son
tailleur ne tombe pas avec assez d'abandon sur la botte.

Ne croyez pas cependant que ce garçon-là soit un homme léger.
Il sait aussi bien que n'importe qui ce que vaut une pièce de 20 francs.
Il ne connaît pas l'entraînement, et il ne fait que les folies qui lui
rapportent. S'il attend avec impatience l'heure de sa majorité, c'est
pour placer son capital à 12 pour 100.

Ce qu'il aime le mieux au monde après lui, c'est encore lui.

Aussi est-il fier, indépendant, sans préjugés, et peut-il dire quand
il s'est planté un morceau de vitre dans l'arcade sourcilière : « *Si mon
lorgnon m'empêche de voir, ça ne regarde personne.* » Quand je pense
que ce beau jeune homme là est l'avenir de la France!

Voici maintenant un drame populaire, un de ces drames profonds,
que Gavarni sait charpenter en deux coups de crayon. Phémie cause

avec sa voisine : — Il n'y a pas de pain à la maison. — C'est comme
chez nous, répond l'autre.   Tous nos effets sont en plan. — Ah! il y
a longtemps que le Mont-de-piété m'a pris ma dernière couverture. —
Pauvres femmes! leurs maris sont au cabaret. Ils fêtent la Saint-Lundi,
et ils la fêtent le mardi, et quelquefois le mercredi. Les enfants piaillent,
les marchands ne font plus crédit, la marmite est renversée, et c'est en
face de cette grande misère que Phémie se laisse aller à ses plaintes
éloquentes contre les maris. — Deux brigands. — Mais bah! Qu'une
pièce de cinq francs se montre à l'horizon, et tout sera oublié. Ah!
Phémie, Phémie! tu n'es pas aussi méchante que tu veux bien le dire!

Abordons maintenant la grande question de la vie parisienne.

La chose a deux faces comme Janus. C'est à la fois la comédie
et la tragédie de l'humanité.

Les philosophes, les mélodramaturges, les esprits chagrins et les
maris amoureux envisagent le monstre sous son aspect sombre, effrayant,
terrible, portant au front ces huit lettres qui étincellent comme la
lame d'un poignard : Adultère.

Les vaudevillistes et la grande majorité des maris parisiens le
regardent du côté où il porte un masque moqueur, gouailleur et tirant
la langue sur laquelle on lit un mot rabelaisien.

Adultère et coc... c'est face et pile. — Othello et Georges Dandin.

Tout homme qui songe à se marier doit se demander d'abord de
quel côté il regardera, le bonheur conjugal étant une simple question
d'optique.

Le monstre était bien moins vivant à l'époque tant décriée où
les femmes ne cédaient qu'à l'entraînement de la passion.

Mais aujourd'hui ce n'est pas toujours l'amour ou même le caprice
qui jette une femme mariée dans les bras d'un amant, c'est l'intérêt
et le calcul.

Je suppose un brave homme, sous-chef de bureau dans une administration publique.

Il a quatre mille francs de traitement; sa femme lui a apporté vingt mille francs de dot: c'est donc, avec les appointements, une somme ronde de cinq mille francs par an à dépenser dans le ménage.

Monsieur est proprement vêtu, il a une table modeste, mais suffisante, et un appartement presque convenable. Son domestique se compose d'une cuisinière, qui est en même temps la femme de chambre de Madame.

Madame a une toilette d'impératrice ; elle se montre chaque mois avec une robe nouvelle, un nouveau chapeau, elle a des bijoux, et elle porte sur ses belles épaules un cachemire de mille écus.

Monsieur donne à Madame cinquante francs par mois pour sa toilette.

Est-ce avec ces cinquante francs que Madame peut acheter une robe de dix louis, un chapeau de soixante-quinze francs, des bottines, des gants, des fichus, de la dentelle, sans compter les autres colifichets de l'élégance féminine?

Il y a là un x à trouver.

L'x, c'est celui-ci ou celui-là qui, en sa qualité d'amant, orne l'autel de la divinité.

Un grand nombre de ménages parisiens se composent donc du mari qui donne le nécessaire, c'est-à-dire peu de chose, et de l'amant qui apporte le superflu, c'est-à-dire, le principal. Voilà comment certaines femmes sont parvenues à légitimer le monstre.

Le fournisseur d'accessoire s'implante peu à peu dans la maison, comme chez lui, et dès lors, il perd le prestige de l'amant, il passe à l'état de second mari.

Souvent il arrive que le second mari n'empêche pas le sentiment.

Je veux dire que la femme ne voyant plus dans l'accesseur qu'une seconde édition conjugale, un peu plus élégamment reliée que la

première, se croit parfaitement autorisée à aimer d'une façon désinté-
ressée.

C'est un second mari, un accesseur, un ex-Arthur, dont vous
voyez la silhouette se dessiner sur la muraille, sous le novice crayon
de ces deux dames du demi-monde.

Elles se vengent de l'ingrat qui a été porter dans la maison d'en
face ou d'à côté le tribut de ses hommages et du mensuel billet de
cinque.

Et maintenant que Gavarni me pardonne, si j'ai si mal rendu sa
pensée. Quelle plume a le bec assez fin pour lutter avec la finesse
de ce crayon sans pareil! Gavarni ne peut être expliqué que par lui-
même. Gavarni par Gavarni. Un texte au bas des fantaisies de ce
grand observateur, n'est-ce pas, quoi qu'on fasse, un morceau de
plomb attaché à la queue d'un cerf-volant!

EDMOND TEXIER.

PARIS. — IMPRIMERIE DE J. CLAYE, RUE SAINT-BENOIT, 7.

D'APRÈS NATURE

D'APRÈS NATURE

PAR GAVARNI

TEXTE PAR

MM. JULES JANIN, PAUL DE SAINT-VICTOR, EDMOND TEXIER, EDMOND ET JULES DE GONCOURT

4me Dizain, par EDMOND et JULES DE GONCOURT

PÉGARD

PARIS

MORIZOT, LIBRAIRE-ÉDITEUR

3, RUE PAVÉE-SAINT-ANDRÉ

1867

Par Gavarni

31

—Et ta sœur la brocheuse ? qu'était demandée par ce rouge, qui tenait
les certificats au douzième arrondissement....
—La v'la mariée avec un aut'e ... au treizième.

Imp. Lemercier, Paris

Par Gavarni.

32

PARLEZ AU PORTIER

Mais ne lui parlez pas des enfants, ni des chats, ni des chiens

Imp Aurerin Pl.

Par Gavarni

33.

—— Y es-tu ? l'Esculape.
—— Attends ! Démosthènes.

Imp Lemercier, Paris

Par Gavarni

34

UN HOMME CONNU
à la Préfecture de Police.

Par Gavarni.

35

_ Abimer un homme de coups! à quoi ça sert ?....Jamais
j'ai touché le mien.

Imp. Lemercier, Paris

Par Gavarni

36

Une parenthèze .

Imp. Lemercier Paris

Par Gavarni

37

— Quand votre femme vous conseille de ne pas faire une chose, Beauminet, il ne faut pas la faire, parcequ'elle a quelque raison pour que vous la fassiez.

Imp. Lemercier, Paris

Par Gavarni.

58.

Vous êtes une veuve ! Vous êtes une veuve! Mais ! la Justice ! ne
l'a-t-elle pas vu maintes fois à ses pieds, le veuvage !...... encore tout......
saupoudré ! d'arsenic ? Vous êtes des orphelins ! Mais ! tous les parricides ! ne
sont-ils pas aussi des orphelins ?

Imp. Aubert, éd. Paris

Par Gavarni.

39

— Moi, les hommes !......ça ne m'a jamais tenu bien fort.

Imp. Lemercier, Paris.

Par Gavarni

40

Il lui sera beaucoup pardonné parcequ'elle a beaucoup dansé.

Imp Lemercier Paris

D'APRÈS NATURE

Paris! — un monde, et tous les mondes! un peuple! une patrie! la patrie des passants! et la mère des Parisiennes! une cuve, une ruche, et plus de bruit que de boue! Paris, — le pain et le journal, — des hommes, des femmes, et du peuple à poignée, — des femmes qui causent en rattachant leur bottine sur une borne, — des marchands d'habits chargés de pantalons, de fleurets et de guitares, — des commissionnaires chargés de bouquets et d'amour, — le saltimbanque en habit de ville, une souquenille de paillasse sous une redingote d'occasion, — des croque-morts qui devisent, — de la blouse, du bourgeron, du brûle-gueule, — et du bourgeois! — des Auvergnats en toilette, les bras en anse de panier, — le sergent de ville élancé en avant, traînant un délinquant avec la furie de l'ange vengeur de Prudhon qui amène le crime à la justice, — des têtes de propriétaires sculptées dans un marron d'Inde, — de vieux jockeys diplomatiques fourbus, — les chanteuses poitrinaires qui, dans la rue, poussent

des notes de cigale, le dos au mur pour que la bise ne les balaie pas,
— le bouquiniste en plein vent, au teint d'un brugnon de vigne, —
les petites filles qui musent par les rues et badaudent, une mèche
de cheveux dans l'œil, un reste de châle au dos, et la jupe aux talons,
— les jolis enfants des riches, maîtres d'un canapé, blottis dans les
coussins, en compagnie d'un polichinelle tombé à la renverse, les bras,
les jambes en l'air, — l'actionnaire en faction devant un dividende, —
les balayeurs et les balayeuses au petit jour qui blanchit derrière les
maisons grises, — au bras des mères grimaçantes, regardant de côté avec
un sourire d'enseigne et un œil d'usurier, les petites jeunes personnes
coiffées à la chinoise, le front entêté, avec un petit regard noir, un
nez effronté, et une bouche au coin de laquelle se cache la petite
queue de lézard que voyait Henri Heine au coin de certaines bouches,
— des têtes qui n'appartiennent qu'à l'institution de la garde nationale, — de gras cuisiniers, des gibelottiers grandioses drapés dans leur
majesté d'éligible, — de triomphants rentiers épanouis dans la Terre
promise par Siéyès au Tiers-État, — les joueurs allongés sur le bil-
lard, en équilibre sur la pointe de la botte gauche, et que l'œil enfile
par la semelle de la botte droite, — le tailleur accroupi sur son établi,
sous le jour froid de la fenêtre, — l'homme d'affaires au nez de proie,
au front nu, aux lèvres rognées, — des jeunesses éclaboussantes, —
des ménages vieillots, ratatinés, et fluxionnés qui semblent dans la rue
le vieil air de M. et Mᵐᵉ Denis sur un orgue édenté, — les artistes che-
velus et barbachus, en carmagnole de flanelle, déjeunant au pouce,
sur le poêle, avec les modèles rhabillés à mi-corps, — les hommes
noirs du protêt, de la signification, du commandement, de l'opposition,
du jugement, de la contrainte, les hommes pelés et râpés, voûtés sur
le papier timbré, les figures plates et effacées des recors qui brossent
leur chapeau en sonnant, la Saisie et l'Usure en personnes naturelles,
— le monde du monde, les habits noirs et les cravates blanches du
monde diplomatique en visite dans les coulisses de l'Opéra, — les

fashionables dans le buisson ardent de leurs favoris en côtelette, un suprême sourire aux lèvres, — les jeunes blondins couchés sur le bras d'un divan, le regard en coulisse, rayonnant de lumières fauves et tout plein de grâces de chat, — la large oreille, la face allumée jaillissant d'un faux-col comme un bouquet de son cornet de papier, la prestance énorme du Million amoureux, qui mêle sur sa face batracienne le type de Mayeux et le type de Camusot..... Paris! des fumées de cigarettes, — des barbes convaincues où tient une doctrine, — des bouchons de Champagne, — et Clichy contre Tivoli! — des retours de dimanche dandinés qui portent sur une épaule un brin d'arbre, — des bourgeois gentilshommes, — et des gentilshommes bourgeois, — des bonnes de la campagne qui passent derrière la porte une grosse joue et un bout de nez, — des pétrins phthisiques sur le pas des portes, — les mains parcheminées et osseuses des vieilles, qui agrafent leur tartan comme une serre, — les vagabonds penchés avec des poses d'orateur sur le banc de la police correctionnelle, — la fille de la halle, coiffée du mouchoir d'où jaillit un flot de chevelure noire, le sourcil fort, l'œil chaud et cerné, la bouche à mordre, et l'air d'une chanson à boire, un voyou dans une Théroigne! — les vieilles commères de la regratterie, les marchandes des quatre saisons, le madras jusqu'aux yeux, les pieds en truelle de maçon, l'éventaire au ventre, le ventre saillant d'où le tablier tombe comme d'une bosse, — peuple et Bohême! les vieux mauvais sujets, arc-boutés des deux mains sur leurs genoux, inassouvis et crispés, dont la face semble un médaillon de Tibère au Café-Turc, — les Macaires et les Bertrands sans linge, boutonnés avec des capsules de bouton, — les races d'hommes à la face glabre, avec une mèche grasse qui se pend contre leur joue et se tortille pour un accroche-cœur, — les chiffonniers barbottant dans les ruisseaux, — la plèbe faubourienne avec ses cheveux retroussés, son petit œil, son nez relevé d'un coup de poing, ses deux petits pinceaux de moustaches aux lèvres, la face courte, évasée aux arcades zygomatiques, — ces lignes de visage qui redescendent la ligne faciale de Cramer de l'homme à la brute, — ces cerveaux obtus, ces fronts bas, ces crânes plats coiffés et calottés d'un bonnet de cheveux laineux, — l'Ivresse échouée sur une hanche, la joue aplatie sur une épaule..... Paris! la Misère, les salières qui creusent les épaules, les cous faits de corde, les pauvresses aux traits tombés, grelottantes et les mains dans le giron, les vêtements aux plis morts, le haillon haillonnant..... Paris! le manteau d'Arlequin, les quinquets, et la rampe, et les baguettes de fées taillées dans le manche à balai d'un portier, la Comédie à l'envers, l'alcôve de la tragédie, les hommes vineux, éreintés et graisseux du monde de la contre-marque, la cuisine du fard, des larmes et des faux mollets, les danseuses jetant leur regard par le trou de la toile, les pompiers qui causent avec les Buridans, les reines de théâtre la main effleurée par les moustaches des moucheurs de chandelles, ou dans le lit le matin, une épaule sortant de la chemise, une corbeille de feuilletons versée sur les draps de batiste..... Paris! l'amour tout fait, le Céramique de Bréda, et l'éternel dialogue des Courtisanes, des Glycères et des Thaïs renversées sur un canapé la jambe en l'air, et la main levée jouant avec la cordelière de leur robe de chambre comme avec l'amour des Pamphiles! et les mères moustachues, les éternelles mères de Philinna, qui grondent toujours le cœur de leurs filles d'être si étroit, et les magiciennes aux cartes graisseuses qui vendent encore l'avenir pour une drachme et un pain, et les Lééna et les Mégilla, et les Corinne qui débutent et auxquelles suffit un collier couleur de feu et une robe de Tarente, et les Bythiniens immortels qui rentent la Vénus Pandémos, et les Chéréas toujours jeunes, toujours beaux, qui cachent sous leur manteau les colliers d'Ionie donnés par Musarium... Paris! l'amour! Paris! la femme! Paris! la Parisienne! le plus grand article Paris de Paris! La Parisienne, l'essence et l'absolu de la femme, l'enfant gâtée de sa grand'-mère Ève! La Parisienne qui est toujours une femme honnête, même mariée! La Parisienne du soir et du matin, et de la nuit; la Parisienne qui sort, et la Parisienne qui rentre; la Parisienne en papillotes et en camisole; la Parisienne qui va au bal, qui dort, qui rêve, qui bâille, qui ment; la Parisienne qui passe, lutinée par le vent, le voile envolé de son petit visage clodionesque, la jupe ballonnante, la taille ronde sous le châle, le pied preste, spirituel, volant sur le pavé qu'il tâte et rase; la Parisienne sur le trottoir, et la Parisienne au logis qui, pendant un sermon conjugal, bat du bout de sa bottine une mesure impatiente, et regarde distraitement l'amande rose de ses ongles; la Parisienne qui sait tout de naissance, et sourire, et bouder, et embrasser le front de Coquardeau quand il se le gratte..... Paris! tous les Paris! — c'est l'œuvre de Gavarni.

Le décor de ce monde, le fond changeant de toute cette humanité, le chez-soi et la rue n'ont pas été oubliés par Gavarni. Il a voulu que son peuple parisien s'agitât dans tous les centres qui lui sont propres. Il a placé ses personnages comme au cœur de leurs habitudes, entourés des accessoires de leur bonheur ou des meubles de leur misère, dans des lieux et sur des fonds qui fussent le milieu nu ou doré de leur vie. La borne, le trottoir, le mur, le lambris, la chaise, les rideaux parlent au second plan des lithographies de Gavarni aussi éloquemment que parlent au premier l'habit de l'homme et la robe de la femme. Ils sont aussi significatifs, aussi dénonciateurs; un détail, un rien, un coin entrevu derrière une scène la met à son point et achève de lui donner son accent. C'est un déshabillé des mensonges de la vie civilisée, le mystère des dieux Lares mis à jour, la réalité de toutes les apparences et de tous les faux luxes de Paris. C'est le poêle en fonte des petites gens, avec une bouteille vide servant de poids à la clef, portant les pauvres reliefs du déjeuner et le pain éventré. Ce sont les éternelles et désolées perspectives des quais glacés, la file de maisons noires alignées à la marge du ciel gris; les jardins des toits fleurissant dans des pots à tisane; les portraits d'hommes en

gardes nationaux juchés au-dessus du canapé conjugal comme des épou-
vantails au-dessus d'un arbre aux fruits mûrs; les fonds mystérieux
des appartements, le clair-obscur des alcôves, les portières de soie tom-
bantes et serrées à la taille, les potiches ventrues, les cadres lourds,
les tapis sourds. Les fenêtres du marchand de vin se voilent de leurs
rideaux à carreaux. Le comptoir reflète comme une onde d'étain le
bleu, le sacré chien, et l'armée des fioles pailletées de lumière dans
l'ombre. Ici, une canne et un chapeau se familiarisent avec un divan:
là, chez la tireuse de cartes, des oiseaux empaillés moisissent sous un
globe. La coupe d'un taudis nous montre une vieille paire de bottes
appuyée sur une malle qui bâille; la gargote, ses patères d'où pen-
dent d'honnêtes parapluies; l'Étude, ses chapeaux déformés qui pleu-
rent leur graisse sur les affiches de vente. Après quoi, nouvelles toiles
de fond : les logis qui n'ont plus de nom que dans la langue des logeurs,
les grabats sur lesquels file par une tabatière un jour terne, les tables
tachées des cafés, les tableaux d'ardoise des billards, ces appartements
à peine éveillés où le balai paresse rendormi au mur, les profils d'oreil-
lers où niche dans un pli une carte oubliée de la dernière bonne aven-
ture, les miroirs cassés des mansardes derrière lesquels est passé un
brin de buis bénit, — le fin fond des aspects et des intérieurs de
Paris !

Et la comédie de Gavarni passe-t-elle la barrière, comme un
Dimanche qui va aux champs? Ne croyez pas à la nature, aux grands
arbres, aux prés feutrisés, aux ombres profondes, — elle côtoyera
les grands murs des chemins de ronde, elle s'acheminera le long des
lignes sèches des fortifications. Le génie parisien de Gavarni la fera
vaguer dans la campagne de plâtre de Paris. Il l'accoudera aux tables
boiteuses des guinguettes sous la tonnelle où meurt, ficelée, une maigre
plante grimpante. Il l'assiéra entre un octroi et un bureau d'omni-
bus, dans de ces jardins ridicules où l'ombre du chapeau de paille
du propriétaire est la seule ombre. Il la fera aller et venir dans les

perspectives grises d'un horizon de banlieue fermé par les maisons lépreuses des maraîchers, les toits de fabriques surmontés de la cloche de l'appel au travail, les obélisques de briques qui crachent la fumée du noir animal. Sur sa tête, il mettra un ciel de pluie roulant de lourds nuages blancs, sous ses pas une herbe rare, foulée, meurtrie, talée. Ce sera tout autour du Parisien, pris entre ses clochers et ses moulins, la terre de main d'homme, faite par l'homme dans les marais vivaces de la vieille Lutèce, une terre râpée, émiettée, usée, brulée sous les pieds et les haleines des industries qui s'y battent; ce sera cette zone de stérilité que créent autour d'elles les grandes capitales, cette nature chauve qui semble garder de grands espaces morts pour être le théâtre et champ-clos de la Bouteille !

L'Histoire a mille armes contre la mort, contre l'oubli, contre le temps. L'humanité a mille flambeaux pour ne point oublier ses âges, les ressaisir, les revoir, les revivre presque. Les temps antiques, dans leur naufrage, agitent au-dessus d'eux leurs chefs-d'œuvre. Nous en avons la cime et la fleur. Les temps modernes, sauvés tout entiers, immortels dans le livre, dans les mémoires, dans le roman, dans la satyre, dans la confession de l'autographe, semblent n'avoir pas de nuit ni de secret. L'âme de l'Histoire, l'homme, l'esprit de l'Histoire, les mœurs, vont, croirait-on, nous apparaître tout entiers dans le témoignage écrit. Les poëtes comiques, les historiens de patience ou de génie qui ont violé la confession d'une société, les Aristophane et les Tallemant des Réaux, les Arétin et les Saint-Simon sont là pour nous dire la vie privée des peuples, les habitudes sociales des temps, les modes des choses. Enfoncez-vous pourtant dans toutes ces révélations et dans toutes ces lumières : vous tâtonnerez, vous hésiterez; il y aura un voile entre le passé et vous. Les époques les plus déshabillées, les civilisations les plus étalées au grand jour, les règnes et les empires trahis par leur premier ministre, leur maîtresse et leur valet de chambre, ne vivront point encore devant votre esprit et sous vos yeux.

La familiarité, la fréquentation, le coudoiement de ce monde disparu
que vous cherchez, l'éclair qui frappera de lumière et de vie la face
du genre humain à tel moment précis, en telle patrie particulière',
ce sera l'ombre qu'il aura laissée au mur, et qu'auront jetée toute
vivante sur la toile, sur le cuivre, sur le papier, sur la pierre lithographique, ces hommes doués pour transmettre aux siècles l'image
d'un siècle, comme aux neveux le portrait de l'aïeul; grands historiens
sans le dire qui s'appellent Abraham Bosse ou Longhi, Hogarth ou Saint-
Aubin, Goya ou Gavarni!

Un jour viendra où le Dix-neuvième siècle, sa besogne faite, se
couchera dans l'Histoire. Nous ne serons plus. D'autres seront nés qui
chercheront notre souvenir et nos traces. La mémoire humaine inter-
rogera toutes choses sur ce siècle, plus grand, comme certains morts,
mort que vivant. Mais malgré tout ce que le Dix-neuvième siècle aura
laissé de papier et de bruit, malgré nos débauches de publicité, malgré
le journal et le petit journal, ce pouls quotidien de nos habitudes
morales, malgré la bouche de bronze des Révolutions, malgré tant de
dénonciations, de confidences, d'aveux, le Dix-neuvième siècle n'aura
sa reconstitution complète qu'avec cet œuvre de Gavarni où un ouvrier
est l'Ouvrier, un bourgeois le Bourgeois, un mari le Mari; où, grâce à
un don merveilleux d'idéalisation dans le vrai, et de mémoire d'après
nature, Gavarni a élevé le portrait à l'universalité de physionomie, et
à la généralité de ressemblance, non d'un homme, mais d'un ordre,
d'un état, d'une classe, si bien que son observation, passée de ses yeux
dans sa tête, et jaillissant de sa tête à sa main, monte jusqu'au Type,
— cette création du génie qui se souvient.

Et déjà aujourd'hui, en l'an de grâce 1859, il nous est donné
une preuve frappante de la vie que l'œuvre de Gavarni conservera aux
choses mortes, et du rayon dont il éclaircra pour l'avenir la grande
histoire familière de notre temps. Deux mondes moraux et une institution sociale ont déjà disparu : la Grisette, l'Étudiant et le Carnaval,

ces trois jeunesses du siècle. Ils seraient morts sans Gavarni. Sans Gavarni, retrouvez l'Étudiant, l'Étudiant! un État dans l'État, l'avenir en béret rouge, l'opinion publique du parterre de l'Odéon, un ordre d'enfants terribles qui avait ses usages, son livre d'or, ses cafés, ses hôtels Cicéron, une religion révélée par Béranger, une banque : le mont-de-piété, une salle des pas perdus : le jardin du Luxembourg, un hôtel de ville: la Grande Chaumière! l'Étudiant, carbonaro, romantique, et de tous les partis, qui avait vingt ans, présent à Hernani comme aux émeutes; l'Étudiant qui élevait des pipes culottées, et inventait le pas de *la girafe en calèche ;* l'Étudiant qui était l'ennemi personnel des sergents de ville; l'Étudiant qui avait son argent dans une tête de mort, et son cœur sur le carré de la porte en face ! l'Étudiant qui vendait son cor de chasse pour aller au bal de l'Opéra! l'Étudiant et la Grisette! car ils ne vivaient point l'un sans l'autre : c'étaient deux existences bras dessus bras dessous dans ce *trivium* et ce *quatrivium* des sept arts libéraux, dans ce quartier Latin, le paradis de la Misère et la capitale de l'Espérance! la Grisette, la femme créée pour l'Étudiant, « un aide semblable à lui » comme dit l'Écriture de la première femme donnée au premier homme; la Grisette, qui savait faire le punch et prenait du linge de l'Étudiant le soin d'une mère de province, ravaudant, reprisant, lessivant; la Grisette qui avait des gaîtés d'oiseau, une voix de pinson, le goût de la campagne et du homard; la Grisette, fleur du peuple, poëme sans orthographe, amour sur la branche, printemps de jeune fille qui préludait au mariage par le dévouement, au ménage par la vie de garçon ! — la Grisette, elle n'est plus, comme l'Étudiant, que dans l'œuvre de Gavarni.

Et le Carnaval! cette folie qui descendait des Saturnales par la Courtille, de la Tour de Babel par la confusion des masques, et de Rabelais par Chicard! tout ce qui restait du ciel italien, du rire de Bergame et de la *baüte* de Venise dans notre monde d'habits noirs, dans notre vie de raison, et dans notre ciel de prose, qui vous le dira?

Et qui vous montrera ces grands tremblements de planches, les bals
de la Renaissance, les bals de l'Opéra? cette mer de bonnets de pier-
rots qui brisent l'un contre l'autre, sous le bâton de Dufrêne, et
jettent comme une écume leur mèche au ciel? Où retrouver la foule,
le grouillement, la furie, le roulement de ces fonds où les bras agitent
une forêt de manches, et cette gaité courante, ardente, mettant le feu
aux regards, aux gestes, aux mots et aux jambes? Les déhanchements,
les chemises en bandoulière qu'un sein remonte, les épaules rondes
sortant des fanfreluches du tulle, le velours et la soie des dominos, les
dos paternes et les tricornes moraux des sergents de ville, les extra-
vagants Fontanaroses, les plumets en plumeaux, les déguisements en
batterie de cuisine, les étoffes ballantes des pierrettes qui leur donnent l'apparence de jolies statues dans un sac, les perruques de postillons de Longjumeau qui fouettent aux épaules, les saluts chahuteurs,
les présentations à califourchon, les blonds cheveux poudrés, les hus-
sardes à la petite veste soutachée de grelots, — cherchez-en le tapage,
la couleur, le brio, la mêlée! Images effacées! Ces petites femmes,
résolûment campées, — des figurines de l'engueulement! — les mains
aux hanches, le regard casseur, jetant à un monsieur quelconque les
confetti de la blague! Souvenirs morts! les débardeuses à cheval
sur un rebord de loge, et laissant pendre une jambe qui danse dans
le vide, — et le souvenir d'un vieil amour qui interroge sous le nez un
faux nez, — et le loup qui donne aux blondes ces yeux de saphir et ces
paupières de violettes dont parle Pindare, — et le nœud des capuchons
battant de l'aile au dos des femmes, — et le papillotement et le clapo-
tement des dorures, des rubans, des dentelles, des broderies, des chamarrures, — et les menuets enragés, et le cancan, ce fils naturel de
Vestris! et le galop, lancé comme la Victoire, écrasant tout, semant
en l'air des chapeaux de pékins qui volent!... une trombe! Il y a la
cendre de dix Mercredis des Cendres sur tout cela, et sur les ours qui
ôtent leur tête et remettent leurs lunettes, et sur ces deux-là qui étaient

si bien entripaillés : ce polichinelle énorme, bâti comme un majordome
du Mardi Gras, frappant de sa haute canne le parquet encore trem-
blant des quadrilles, et ce pierrot béat, couvert du manteau d'un don-
neur d'eau bénite, tendant son assiette aux bonnes âmes : « *Pour
boire à la santé des malheureux qui meurent de soif, s'il vous
plaît!* » Point d'écho, point de survie de tant de farces, d'imagina-
tions si drôles, et de tant de postures trouvées par la fantaisie dans
l'épine dorsale d'un clown! Il ne nous restera même pas la sortie de
l'Opéra, les escaliers où les masques roulés sur les tapis s'entretien-
nent, comme des philosophes accoudés sur le triclinium, du rôle des
huîtres de Marenne dans les tourbillons de Descartes, les femmes en
manteau, la question de cabinet du souper, les tombées de masque,
la chute des illusions! les verres dont on casse le pied, les culottes de
peau qui sombrent sous la table, les femmes qui se couchent dans une
assiette, — et dans le corridor du restaurant le saint Pierre de la cave,
le sommelier coiffé d'un bonnet de pierrot... vieux habits, vieux galons,
vieilles chansons! Et ne les cherchez pas où ils furent : le Carnaval
s'est rangé : il a maintenant la tenue d'un avoué qui fait ses farces.
Au bal masqué, Barême a remplacé Chicard : c'était la Foire, c'est la
Bourse aux Amours!

Mais ouvrez Gavarni : voilà le Carnaval. Voilà le cancan, les pier-
rots, les pierrettes, les hommes en femmes, les femmes en hommes,
les Loupettes, les Anatoles, la poussière chaude, les maris en bonne
fortune, le tumulte des rires, le fracas des danses, le sifflement des
apostrophes, tout! et jusqu'aux « chouettes harmonies » de Dufrène
qui semblent bruire dans ces planches éclatantes et sonores!

Ces images du dessinateur, ou plutôt du peintre, viennent à vous
dans une sorte de triomphe avec toutes les magies de l'art, du procédé, du faire. La pierre lithographique, cette pierre si rebelle à ses
premiers essayeurs, s'est donnée tout entière à Gavarni. Elle lui a
livré ses secrets, ses charmes, cet éclat des ombres, ces caresses de la

demi-teinte, ces ressentiments de la ligne qui surpassent en profondeur, en énergie, en lumière et en tendresse de ton, tout ce que peuvent sur le cuivre et l'acier le burin, la pointe, la roulette. Ce sont des femmes blanches que le grattoir fait sortir d'un nuage de crayon lithographique, avec leurs volants clapotants, vagues d'argent qui moutonnent autour d'elles. Ce sont des noirs luisants avec lesquels pourraient seuls lutter les noirs que la suie laisse en traînées dans les dessins au suif. Autour de ces noirs, qu'ils noient et baignent de leurs demi-ténèbres, ce sont les teintes lavées, doucement violettes que donne l'encre étendue d'eau, ou bien les teintes grises et grasses d'une mine de plomb usée que pique et contourne, sec et net, le bec aigu d'une plume mouillée d'encre de Chine. Quelquefois, ce sont les coups brusques et appuyés d'un crayon carré qui semble promené à plat, puis égrené et estompé par une étrille de bois sur la pierre rayonnante de clarté. Ce sont mille délicats et savants travaux, des hachures qui s'entre-griffent, de petites lignes perpendiculaires qui enferment, ainsi que le premier travail des académies de Prudhon, le corps comme dans une nasse d'osier. Ce sont des fonds désordonnés, embroussaillés, rayés à main levée de marbrures et de zigzags; ce sont des fonds, lignés à grands traits, fourmillants et tout pleins d'un désordre de vie, d'apparences, de mirages. Ce sont toutes les audaces habiles, toutes les ressources, toutes les expériences qui tirent de la pierre et jettent au papier la soie et ses filées de lumières minces, le velours avec ces ombres dormantes autour desquelles va et vient comme l'éclair d'un remou, le drap, le coton, ternes et sourds, la laine et sa surface mousse, les chamarrures cliquetantes, les plumes floches. Ce sont tous les miracles de cette main travaillant, frottant, refrottant la pierre, la ponçant comme de l'estompe d'un morceau de coton, égratignant les placages de noir d'imperceptibles hachures, égayant les premiers plans des têtes de petits coups de grattoir carrés pareils à la touche de Téniers, illuminant une physionomie, lui donnant le corps, la saillie,

l'âme et le regard ; une main unique pour baigner la pierre d'une fonte
de tons précieux, la raviver avec les plus fins pointillés, l'éclabousser
de l'encre lithographique échappée d'une brosse à dent, sans jamais
perdre ce trait carré, cet accent fort et hardi, cette cernée et cette
signature de la ligne, qui rappelle les dessins des grands maîtres ita-
liens, sans jamais amoindrir ni mignarder, sous les travaux les plus
menus, la rude ébauche qui traverse et pénètre l'exquis travail de
la pierre de sa solidité et de sa puissance.

Tant de choses pourtant, cette science, ce bonheur, cette magie
du procédé, cette pénétration et cette restitution de la physionomie
et de l'extérieur de l'âme, ce génie si rare de l'assimilation qui crée
le type, ne sont pas encore assez pour la vie de cet œuvre. Ce car-
dinal qui disait au singe : « Parle, et je te baptise! » baptiserait ces
mille personnages de Gavarni : ils parlent comme l'homme, comme
la femme, comme l'enfant, comme le peuple, comme le plaisir, comme
l'argent, comme la misère, comme l'amour. Et ce ne sera pas le
moindre des étonnements de la Postérité que tous ces tableaux soient
des tableaux parlants, que toutes ces effigies aient une langue, toutes
ces médailles de mœurs une voix, et que le miracle soit renouvelé,
au bas de ces lithographies, des paroles gelées en l'air dont parle le
curé de Meudon.

N'avez-vous point rêvé parfois un daguerréotype de l'idiome courant,
usuel, débraillé, qu'un peuple et un temps emportent avec eux? de
la langue parlée et causée, cette langue dans la langue, inacadémique,
mais véritablement nationale, qui a les bonnes fortunes et les cou-
leurs d'un argot, toujours retrempée, reforgée, enrichie, recréant la
grammaire, faisant loi de son besoin, drue et pleine de nuances,
éclatant en ces tropes qui enchantaient le grammairien Dumarsais,
absorbant tout, jaillissant de tous, cette langue, véritable confluent des
mots, des phrases, des façons de dire, des milles patois parisiens
qui roulent sous le français écrit, officiel, inventorié et châtré des

dictionnaires et du livre ? La *légende* de Gavarni est ce daguerréotype.

Ces apostrophes, ces balivernes, ces confidences, ces attaques,
ces caresses, ces idées, ces douleurs, ces regrets que sa plume jette
au bout de son crayon, et met dans la bouche de ses marionnettes
humaines comme le phylactère naïf qui, dans les imageries du moyen
âge, s'envole des lèvres des vierges et des saints ; ces dialogues et ces
monologues ne sont jamais des phrases : ils sont toujours une parole.
Ils ont les coupures, les réticences, la syntaxe au petit bonheur, le flux,
le désordre et l'éclair du verbe sous le coup d'une émotion ou d'une
pensée. Ils ont l'essoufflement même de la voix. On ne les lit pas, on
les écoute, on les entend. On entend ces deux enfants, l'un juché sur
un mur, l'autre en sentinelle au bas : « — Jean-Marie ! — Hein ? — Y
en a t'i des abricots ? — Y en a, mais y a des chiens ? — Allons !
viens, Jean-Marie !... Gros, Jean-Marie, les chiens ? — Tout gros. —
Viens, j' te dis, Jean-Marie, c'est pas à nous ces abricots... » On entend
ce mari du peuple rossant le petit amant de sa femme, de sa femme
évanouie dans le fond sur le lit : « Ah !... t'aimes les femmes... Eh
bien, prends-en une... une vraie à la mairerie... à Saint-Leu... à la
barrière et tout... fais-y des moutards... et travaille comme un chien
pour... leur bailler la pâtée... et s'il vient un méchant moderne...
comme t'es pour te la... reluquer... prends-le-moi par les faces... et...
tu y en flanqueras ! tu y en flanqueras ! »

C'est, je vous dis, la parole comme elle parle, le langage de
source de la Comédie et du Drame, — où nos comédies et nos drames
pourraient aller à l'école.

Un soir que nous parlions à Gavarni de ses légendes, et que nous
lui demandions comment elles lui venaient : « Toutes seules — nous
dit-il — j'attaque ma pierre sans penser à la légende, et ce sont mes
personnages qui me la disent... Quelquefois ils me demandent du
temps... En voilà qui ne m'ont pas encore parlé... » Et il nous mon-

trait les retardataires, des pierres lithographiques adossées au mur, la tête en bas.

Prenez garde cependant que cet œuvre n'est pas seulement un panorama, une récréation des yeux, l'amusement d'un soir, la lanterne magique de grands enfants. Cet œuvre est un corps de satires, une Ménippée sociale, légère et vive, armée d'un fouet de roses, voilant ses coups sous la grâce du coup de patte et sous la bonne enfance du sourire, allant à La Rochefoucauld par Martial, à La Bruyère par Lucien, confessant, en un mot, sous son masque de folie, une sagesse et une morale.

Qu'est-elle cette morale du moraliste? Quel est l'oracle caché, l'enseignement de toutes ces épigrammes? Où est la conscience de cette satire? Vous les trouverez dans trois ordres d'idées générales, qui sont les trois grands domaines du rire de Gavarni, sa proie, et les trois points de son sermon : la vénalité de l'Amour, la domination de l'Argent, la blague de la Politique. — J'ajouterai, comme intermède et comme parade de ses ironies : la Bêtise bourgeoise, ce monstre ridicule qu'il a tué si souvent.

La blague de la Politique n'a pas eu d'ennemi plus redoutable que Gavarni. De quel crayon, de quelle plume, il a peint, il a dit le tribunat à la gargote, les empires discutés au marché aux herbes, les doctrines sans orthographe, l'égotisme enragé de la fraternité, les ministères agités chez le *minzingue*, le forum de la borne! Quelle nouvelle comédie des *Chevaliers* immortalisant à nouveau les candidatures de charcutiers, et les sacrifices à la Sottise! Quelles leçons au peuple, au vrai peuple, au peuple du travail et de l'atelier, à celui que Gavarni honore, qu'il salue et qu'il a glorifié et fêté dans le *Jour de l'an de l'ouvrier!*

Puis c'est l'Argent, le monde et la tyrannie de l'argent qu'il berne et punit. L'argent ne grise pas l'œuvre de Gavarni, comme il grise l'œuvre de Balzac. Ses lithographies le jugent avec la netteté de vue d'un homme qui le mépriserait. Il y a, en elles, comme la révolte des pressentiments contre cette aristocratie qui a trouvé le moyen de devenir plus lourde en quelques années que l'autre en beaucoup de siècles. C'est la protestation railleuse de la générosité des instincts français contre la pièce de cent sous, un roi qui devient un dieu et menace de faire la France à son image.

Moins que tout, le moraliste a ménagé le blasphème de l'Amour qui se vend. Que la courtisane règne dans son dessin, qu'elle y rayonne, qu'elle y paresse dans une pose de sultane, quelle s'y renverse comme dans sa calèche au bois, qu'elle y ait l'ovation de toutes ses grâces et l'enchantement de tous ses sourires, la légende est toujours là pour venger l'honnête femme, l'épouse, la mère. Le dessin luimême, avec le temps, en suivant la vie de la courtisane, deviendra un dessin vengeur. Il montrera ces fêtes de sainte Madeleine, hier fleuries et carillonnantes, aujourd'hui solitaires et mornes. Et plus lugubre que la planche de Cruikshank, ce pont de Londres d'où une robe blanche, une femme se précipite dans la Tamise et plonge dans l'éternité, plus lugubre, ce dessin jettera sur ta table, ô courtisane! parmi les chansons, les truffes et les baisers, l'image de l'agonie de ta beauté, le spectre futur de toi-même : — une vieille voilant le masque de Géricault d'un voile noir ramassé dans un ruisseau du Temple, ombre plate d'où pend une robe comme d'un porte-manteau!

EDMOND ET JULES DE GONCOURT.

PARIS. — IMPRIMERIE DE J. CLAYE, RUE SAINT-BENOIT, 7.

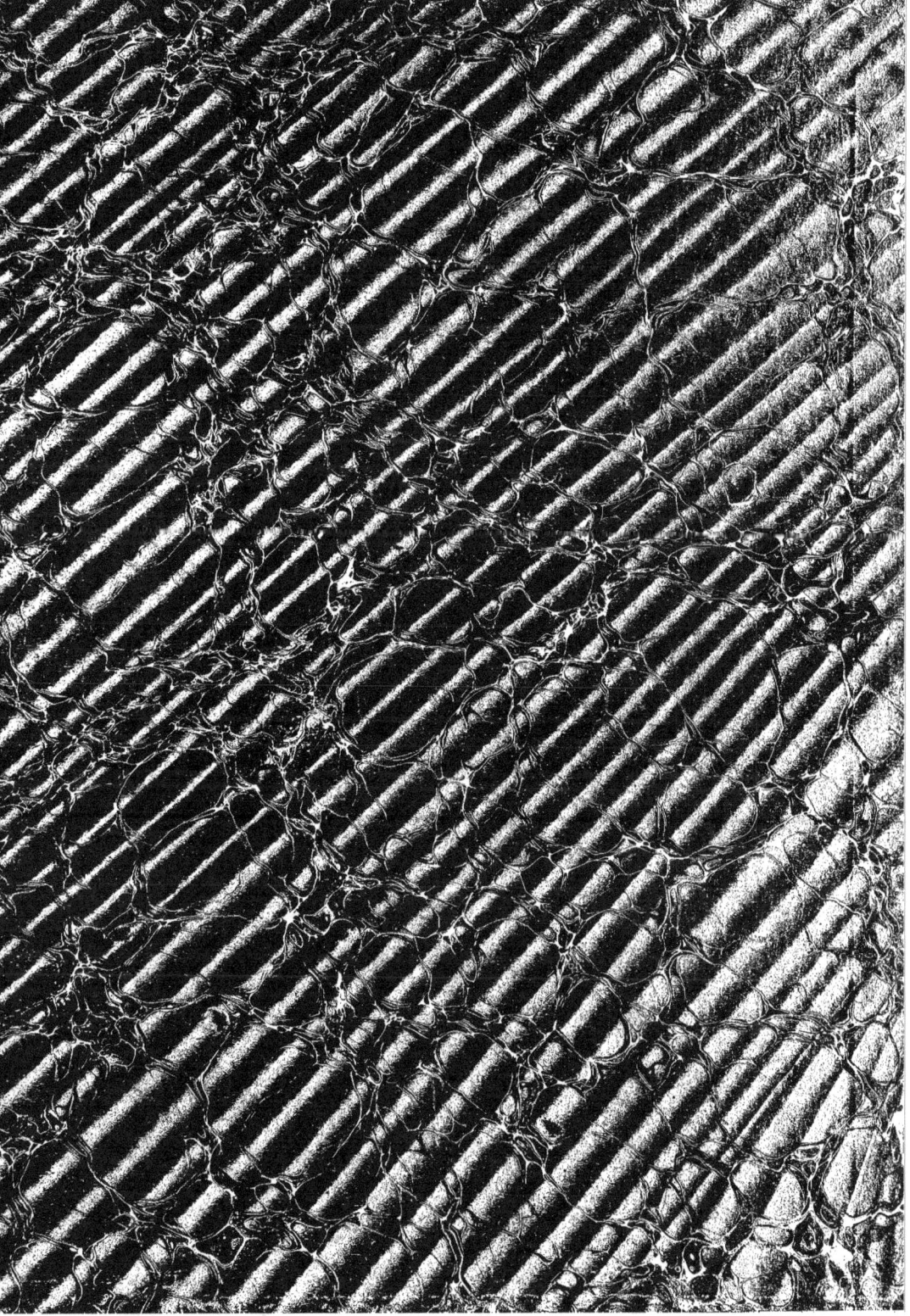

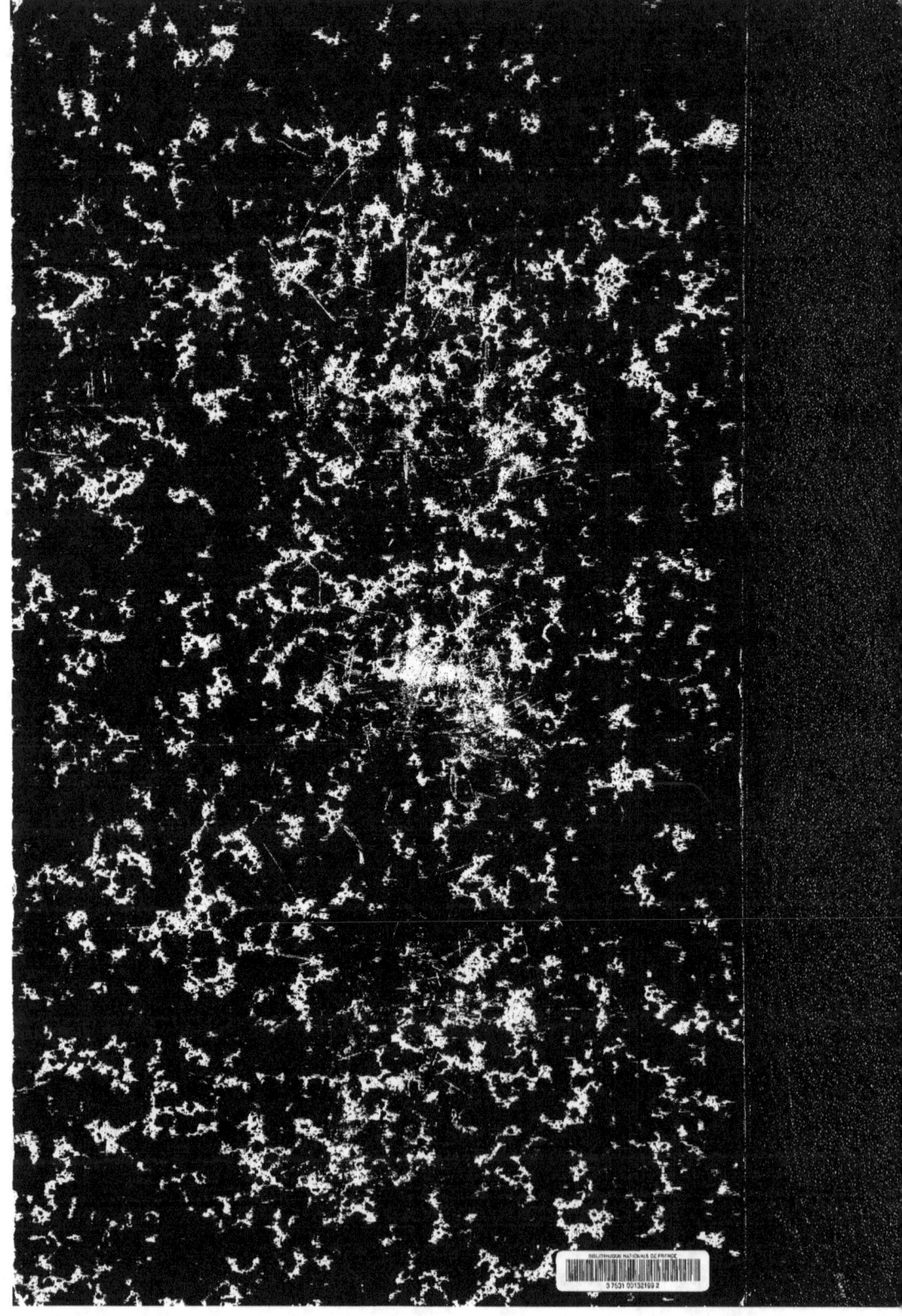

www.ingramcontent.com/pod-product-compliance
Lightning Source LLC
Chambersburg PA
CBHW051128260626
47170CB00005B/1715